藤田田から教わった

お金と時間の不変のルール

ジーン・中園
Gene Nakazono

フォレスト出版

はじめに

1971年新宿駅東口に新宿二幸というデパートがあった。今のスタジオアルタの場所である。その年、私はオーダーメードの自転車をアメリカに持ち込んで、サンフランシスコからニューヨークまでの実走8000キロに及ぶ大陸横断の旅を無事終えて日本に帰国したところだった。商船三井の客船ぶらじる丸で横浜に到着した。

私は、8か月のブランクを埋めようと東京に出てみることにした。そこで新宿に繰り出したところだった。そのとき、突如目にはいってきた看板に「あっ！」と思わず声を出してしまった。

それがマクドナルドの黄色のMマークだったのである、

マクドナルド社では、それを「ゴールデンアーチ」と呼ぶ。ゴールデンとは金色、アーチとは弓なりになった曲線で、今ではコカ・コーラの商標と匹敵するほど世界各国で認知度の高いロゴである。それが日本に出現して、百貨店の壁に高々と掲げられていたのだ。その看板の下では、数多くの顧客が長蛇の列をなしていた。

私が米国でペダルをこいでいたとき、このゴールデンアーチは、米国各地で遠くからでも認知されるように掲げられていた。だから時おり、道路からでも目にすることがあった。

今日では信じることができないのだが、当時の日本ではハンバーガーという食べものは、国民の誰も知らない代物だった。だから私も当然、肉を挟んだパン、つまりハンバーガーを初めて米国で食べることを体験することになった、夜になると、このゴールデンアーチの中に設置された蛍光灯電球が真っ暗闇の中に点灯され、本当に輝くゴールデンに見えたのも思い返してみると懐かしい。

1年間の休学から大学4年生に復帰して、当たり前のように就職活動が開始された。紆余曲折はあったものの、結局、私は夜の誘蛾灯に集まる昆虫のようにゴールデンアーチに吸い込まれてしまうことになったのだ。翌年4月、日本マクドナルド社に入社したその日の朝刊には、デカデカとこの新しいハンバーガーの会社が新卒大学生を50

人以上も採用することが発表されてセンセーションを巻き起こしていた。

たかが食べもの屋ごときに大学卒を採用する？

社長の藤田田氏は一躍マスコミ界における寵児となり、いわば売上ゼロから「1千億円を売り上げて外食産業を自ら創り上げるのだ」と高らかに謳い上げたのだった。そのためには、大卒者が必要だというのが氏の理論だった。つまり、私は大学新卒大量採用第1号のその50数名の中のひとりとなった。

新入社員教育が、代々木の青少年トレーニングセンターで実施され、1週間の新入社員研修が終了した。最後の日の夜には、新入社員の研修をねぎらうためと、新たな50数名のニューフェイスを歓迎するため、新入社員歓迎パーティが開催された。

会合の最後にちょっとした隙間時間ができた、そこで私は新入社員全員を壇上に集めた。これは事前の打ち合わせもなく、まったくのアドリブ。私は、新入社員全員がこのパーティに招かれた謝意を表現するため、ある歌を歌うことを思いついた。童謡のでんでん虫の歌である。私が全員の前で指揮棒を振った。

「でんでんむしむし、かたつむり、おまえのあたまはどこにある、つのだせ、やりだせ、あたまだせ！」

ここには、社長である藤田田氏の名前である田《でん》とでんでんむしの「でん」をかけたのである。

藤田田氏は、ステージの最前列の中央に座っていた。意気盛んな学卒の若者が社長を応援する即興の合唱にニコニコと笑顔満面でステージを見ていたのである。その後、私は藤田田氏にたびたび直接声を掛けられることが多くなった。

＊

結局18年間、私は藤田田氏に仕えることになった。

在職中には、店舗以外にもさまざまな役職を与えられ、日本はもとより世界各国を自由に飛び回る役職にも就くことになった。当時、まだ「メンター」という言葉すらない時代であったが、今から思い起こしてみると、私は藤田田氏を自分のメンターとしてロールモデルを眼前に所持していたことになる。だから、私は藤田田氏の言動や立ち振る舞いなどを自分の目の中に焼き付けて、いろいろなことを氏から学ぼうとしていた。

最終的には豪州への移住を決定して、藤田田氏にその旨を伝達しに行ったときに、

「海外では旧職場の社長の推薦状が大きな役割を果たす」と言って、直筆サイン入りの書状を郵送してくれる肝の太いところをみせてくれた。シドニーに居住するようになってからは、毎年のクリスマスカード以外にも、直接食事をする機会をたびたび与えてくれる、よきメンターであった。

藤田田氏から学んだことは、数え切れない。私の行動基準になっているのは何だろうか。そんな問いを熟考してみると、やはりメンターから教授されたことであることは明らかであった。今まだ記憶にあるうち、それらを再度思い起こして筆をとってみることにした。

藤田田氏の考えや行動、決断。藤田田氏ならどう対処するだろうかと考えてみるだけでも価値あることだと思えるのだ。

あなたが本書から藤田田氏の思考法や実践法を学ぶことは、生きる上で大きな財産となり、また正しい指針を与えてくれるものと大いに期待する。

もくじ

第2章 時間の法則

第3章

お金の法則

第4章　人間力の法則

第5章 ピンチとチャンスの法則

装幀◎河南祐介（FANTAGRAPH）
編集協力◎佐藤裕二（ファミリーマガジン）
本文デザイン・DTP◎山下真理子（ファミリーマガジン）

第1章

成功の法則

法則 1

78対22の法則を活用せよ

この世の中には法則と呼ばれるものが多々ある。物理学で有名なものとしては、ニュートンが発見したとされる「万有引力の法則」などはその典型である。リンゴが樹から落ちた。なぜ落ちたのか。それを突き止めていったらこの法則につきあたったというものである。

ところで、最近はいろいろなところで披露されることが多くなったので、すでに知っている人も多々いると推察するが、そのひとつが「78対22の法則」である。知らない読者のために少し詳しく説明してみよう。

地球上には大気というものが存在する。その構成比率は窒素78に対して酸素が22あるというものだ。実際に分析測定器で計ってみるとそうなっている。ではその比率を誰がどうやって決めたのか。その比率がいつも一定になるように誰がコントロールしているのか、と尋ねてみても、誰もその回答を出せる人間はいない。「そうなっているから、そうなんだ」としか言いようがない。

正四角形を描く。その中にぴったり密着する円を置いてみると、なんとその四角の中の正円の広さが78％で残りの部分が22％になっている。広さということで地球をみると、海洋部分が70・8％で陸地部分が29・2％なのだ。きっちり78対22ではないが、それに近い数値を出していることに驚きを感じる。近年南北両極の氷が溶けだして海洋部分が増大してきているのでもしかしたら将来この数字になるのかもしれない。

同様に広さという面でものごとを見てみると、興味ある事実が浮かび上がってくる。売れるマンションとあまり売れないマンションがある。マンションには自宅部分になる私有地部分とそこの住人が使う共有地部分がある。ある建築家が言っていたのだが、売れるマンションは私有地部分を78％にして、共有部分を22％にすると、全体としてゆったり感じることができて、全体的にしっくりして落ち着くのだ。だから販売成績がいいと教えてくれた。

このようにどうも78対22の法則には一般の人間が理解できないヒミツが隠されているようなのだ。これらのヒミツは、四捨五入してみるとおおよそ8対2、あるいは7

対3という比率になる。これを頭に置いておくと、いろいろと応用ができる。

レストラン経営に役立った78対22の法則

こんな有益な知識は利用しない手はない。

私は、1990年に豪州のゴールドコーストというリゾート地にできた日本食レストランの支配人として雇用された。生涯移住するつもりで家族共ども渡豪したのである。当時はまだ今日のように日本食は知られていなくて、例えば味噌汁が必ず残されていた。味噌の味や臭いがなじんでいなかったのだろう。レストランのオーナーは札幌出身で、この地にいつ遊びに来ても満足できる日本食がなかった。そのために、それならいっそ自分で日本食のレストランを始めようと更地から建物を建設した。メニューは、日本食ならなんでもあり、という日本食の百貨店の様相を呈していた。その数も200品目を超えている。これだけ多いと、注文のない料理もあり、結局食材を捨てるためだけに仕入れていたというものも多々あった。

このまま放置しておくと使用しないで捨てる食品材料のために大きな損を出す可能

性が出てきた。だからなんとかしてメニューの数を減らさなければならなかった。ここで78対22の法則を利用したのである。

例えば店に１００品目の料理があるとする。するとよく売れる品目でその店の営業の土台となるものは上から数えて22品目である。その売上は全体の売上の78％になるのだ。これは実際に店舗で計算してみたので事実である。反対に売れないものも下から数えてみると22品目ある。これらはメニューブックに載せるだけのための枯れ枝のようなものだ。実際、これらをスパッと削り落としても売上には大して影響しない。こうして1年間かけてメニューの数を半分の１２０品種にまでそぎ落としたのである。当然、ストックスペースが有効活用できたり、無駄な費用を払わなくても済むようになったりした。

組織づくりにもヒントになる法則

ではこの法則は、動物にはどう作用するのだろうか。

ミツバチで見てみよう。昆虫学者が調査した結果では、巣から飛び立っていろいろな花から蜜を集めてくるのは一部の働きバチである。その数を調べてみるとなんと22％で残りの78％は仕事せずに遊びだけをしているのだという。この法則は、アリでも同様に見ることができて、2割のアリが働いて残りはぷらぷら遊んでいるのだそうだ。ここにも78対22の法則が存在するのだ。そこで今度は、22％の働くハチやしっかり働くアリを強制的に隔離してみる実験が行われた。残りの78％はいったいどうなるのかを実験したというのだ。するときわめて興味ある結果が出てきた。。それは全体の22％の働いているものたちを群れから排除すると、残りの遊んでいたハチやアリから働くものが出てきて、結局、78対22の法則は維持されることがわかったというのだ。

では、人間ではどうなるか。

私の体験談を例に出してみよう。

2009年から6年間、私は要請を受けて四国に単身で戻ることになった。それはある食肉工場の取締役工場長を仰せつかったためであった。旧工場を壊して更地にして新たな工場が建てられた。そこに新たな事業がスタートすることになった。ところが会社の株主に米国企業が参入していたので、日本語と英語の2カ国語ができる人間が必要になった。そこで私に話が来たのである。

従業員ゼロからスタートして全部で80人近くを全員私が面接して採用した。必要各部を創設して、そのトップである部長を任命した。また、いろいろなセクションができ、そこのヘッドである課長級の人たちも必要になった。必要な役職責任者が決まって組織図が出来上がった。これはいわば自然発生的にできた組織である。そこで役職者と一般従業員の数がどのような比率になるのかを計算してみたのである。結果を見て驚いた。なんと役職者22％に対して、他の従業員は78％の割合であったのだ。

ここで何が言いたいかというと、もしこれが正しいのなら、この組織はスムーズに動く、ということだ。だから自分の所属する組織がうまくいっていないのなら、この78対22の法則をあてはめるとうまくいくかもしれない。

その他いろいろなところで応用ができるだろう。頭を使って利用してもらいたい。

78対22の法則を活用した組織図の例

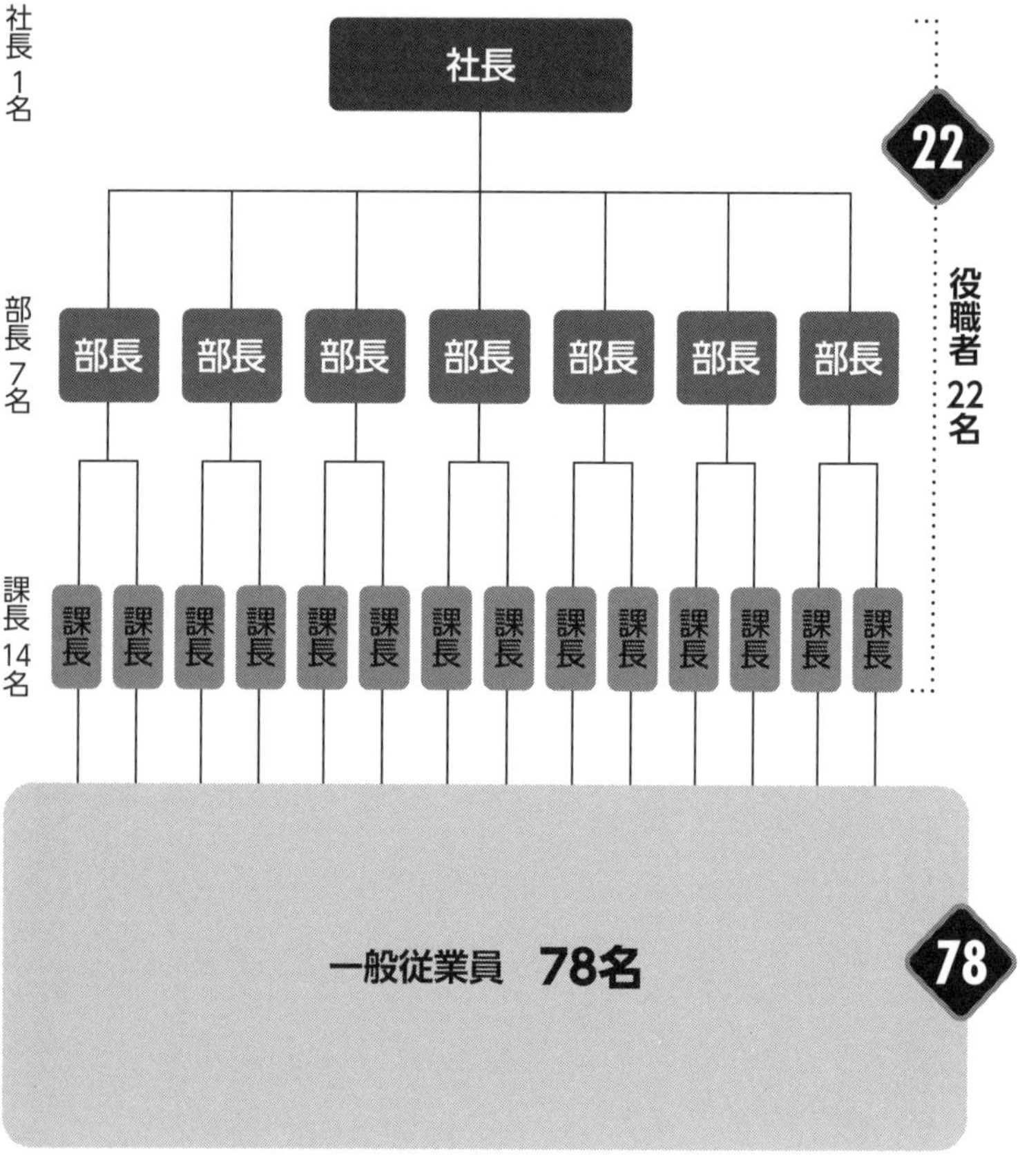

“うまく回る組織には
78対22の法則が隠れている”

法則2
「すでに成功者」を自覚せよ

街頭でどこかの放送局が通行人にインタビューをしている。

「あなたは自分で成功者だと思いますか」

こんな質問をされたらあなたならどう応答するだろうか。ちょっと考えてみてほしい。すでに成功している人なら、即座にイエスの回答をするだろう。ところが、学校を卒業して就職してまだ数年だという人なら「そうですね……会社でも一人前でもないし、うーん、まだまだ成功というところには到達してないいんじゃないかと思いますけど……」とでも対応するだろうか。

しかし、ここでちょっと考えてみてほしい。ホントにそうなのだろうか。

この質問に正確に答えるためには、まずこの世に自分が存在していることから考えてみなければならない。自分がこの世に生まれてくるためには、自分の父と母が巡り合って結婚することから始まることは簡単に理解できるだろう。母親が排出したたった1個のある卵子が、父親が輩出したたった1個のある精子と合体して、結びついたことでスタートしているのだ。その結合の生命が母親の胎内で9か月以上大切に育てられて生まれてくる。ここから先は生物学的な計算の問題として考えてみよう。

この世に生まれてきたこと自体がすでに成功者

まずは母親だ。赤ん坊の元となる卵子は毎月1000個ずつ女性の体内でつくられて、受精しなければ排出される。その排卵の時期は人によってすべて異なっているが、話を簡単にするために次のように考える。

いわゆる月経という期間を12歳に始まって55歳まであったとする。とするとその期間は43年間となる。年間に1万2000個の卵子が出されるので、掛け合わせると51万6000個が生涯で生み出された数となる。つまり、ある女性の51万6000個のうちのたった1個が実は自分であるということなのだ。これはすごい数だ。自分以外の51万5999個は人間として生まれてこなかったのだ。

次に父親の方も考えてみる。これも千差万別なので一概には言えないところがあるのだが、とりあえず次のように考えてみる。

父親の射精の回数を、18歳から68歳までとする。この間50年間ある。また射精の回数を週に1回したとしてみる。1年間は52週なので、これらを掛け合わせてみると、50年間×52週＝２６００回、という数字が出てくる。また、1回の射精に出される精子の数を単純に1億個とすると、男子が生涯で生み出す精子の数は1億×２６００＝２６００億個、となる。父親の方をかんがみると、なんと２６００億個の中の1個が実は自分ということになる。そのうちの他の精子は消えて自分だけが生き残ったというすごい確率なのだ。

しかしこれだけではない。母親の51万６０００個と父親の２６００億個のうちのそれぞれの1個ずつが結びついて、自分となっている。その確率は13京４１６０兆分の1という、もう天文学的な数値となってしまうのだ。

つまり自分がこの世に生まれてくるためには、これだけの確率をくぐりぬけてやっと生誕したということが事実としてある。これを成功と言わずになんと表現できようか。また、この世に生誕できたとしても、それだけで今現在いる年齢まで生きながらえることが可能だろうか。じっくり考えてみるとここまで生命があるということは、いわば奇跡としか言いようがないことは一目瞭然である。

この点が理解できると、最初のインタビューの質問への答えは明らかである。

「はい、私は、成功者です！」

だから、あなたは本日只今から自分が成功者であることを自覚することだ。後はこれからの人生を成功者として自信をもって堂々と生きていくことができるはずなのである。さあ、大股で闊歩《かっぽ》してみよう。

法則3

すべては1からスタートする

道端に1円玉が落ちている。こんなときあなたならどうする。

今日の日本では1円玉が1個だけあっても何も買うことができない。だからたいていの通行人は、見えていたとしても知らんぷりをして通り過ぎていくだろう。

では、コンビニで165円の買い物をしたとする。レジで支払おうとして164円しか財布に入ってなかったとしよう。そこで、モジモジして1円足りないことを伝達する。するとコンビニの店員は1円をまけてくれるだろうか。おそらく「164円いただければいいので、今日はこれで結構です」とは言ってくれないだろう。たった1円がなくてもほしいものを買うことはできない。だから、買い物をあきらめるしかないのである。このように1円は貴重な金額なのだ。私なら道路でみつけた1円玉は拾ってきれいにふきあげて貯金箱にでも入れてやるだろう。実に日本円のスタートは1

円玉であることはいわずもがなである。

1円が10個たまって10円玉になり、1円玉が100個たまって100円となる。きわめて当たりまえのことなのだ。しかしほとんどの人はそれを忘れてしまっている。つまり1がスタートであることを認識しなくなっている。その1円を100個や200個集めて、ハンバーガーや飲み物の価格にしている。そういった1個1個が積み重なって、日々の売上金となる。それらを集計したら、年間に2000億円とか3000億円という数字になっていくのだ。じっくり考えてみると、それらはあくまで1円の集まりでしかないのである。大手の航空機会社がジェット機を1機販売して数百億円という数字をはじき出して売上になるということは小売業では考えられない。あくまで各店舗で1人の顧客が買ってくれる1個1個の商品の積み重ねでしかないのだ。

たった1ミリのズレが大きなズレを生む

1という数字がどれだけの差になって出現するかをもう少し見てみよう。

例えばこれから真北に歩いていくとする。磁石を手に持って真北を目指す。ところが、正確に真北に行くのではなく1ミリだけ東にズレたとする。たった1ミリである。大したことはない。

ところが毎日たったわずかな1ミリのズレがどうなるか。例えば自分で判断ができる年齢を12歳とする。その人の寿命が82歳だとすると、82から12を引くと70年間がその人の人生という数字が出てくる。正確に真北に歩いていると信じていた人は82歳ではどうなるか。70年間だから日数に直すと70年×365日＝25550。1日1ミリだから2万5550ミリの差になる。つまり、たった1日1ミリの差でも82歳になったときには25・55メートルも真北から離れてしまう。これは1ミリだが、もし1センチならその10倍の255メートル離れることになる。1メートルなら2・5キロというとてつもない数字が出てくる。1ミリをあなどってはいけない。

成功は着実に1を積み重ねていく以外にない

私は中学2年生のときにひょんなことから米国の少女に英語で手紙を書いた。その後も高校、大学と英語での文通はずっと続いた。大学生になったとき、彼女の国である米国に興味を持って、現地に乗り込むことを決めた。普通の旅行ではおもしろくない。だから、自転車を使って米国を横断することにしたのだ。サンフランシスコからニューヨークまでを走る。その準備として、おおよそ通りそうな州をコースとして選定した。日本ではJAFと呼ばれる自動車連盟、米国ではAAA（アメリカン・オートモービル・アソシエーション＝米国自動車協会）の各州の支部に手紙を出して地図を送ってもらうことにした。すべての州から返事と地図や観光案内パンフレットが航空便で送られてきた。その地図をもとにして、今度は実際に走っていく道路をマーキングした。宿は、テントで野宿のほか、ある慈善団体に話をもっていき、そこのアメリカ支部の責任者に1人ずつ手紙を書く許可をもらった。

こうして準備が整い、太平洋航路の豪華客船に乗船した。サンフランシスコに到着すると、後はもう毎日ペダルを踏むだけになった。毎日、時速10キロで1日に8時間、約80キロから100キロ程度をとにかく1ペダル、1ペダルずつをこいで1メートル、1メートルと距離をかせいで前進したのだった。その結果、私は最終地点であるニューヨーク市に自分を置くことに成功したのである。不思議なことに、旅行中のその期間病気やケガ、交通事故などに遭うこともなかったのだった。今から考えてみると、いわば幸運の女神が微笑んでくれていたとしか言いようがない。

私のこの個人的な体験をみてみると、まず米国の少女に1通の英文を書いたことがスタートとなっている。準備をするため、AAAの1州ずつに地図の依頼をした。慈善団体の各州の責任者に1州ずつ手紙を書いた。サンフランシスコで自転車を組み立てると、1歩、1歩ペダルをこいだ。そして1メートル、1メートルと前に進んでいった。これはすべて1という数字の集まりだ。1を集めて8000キロという距離を積み重ねていき、ニューヨークに到着した。

つまり、成功とはこのように着実に1を積み重ねていく以外には方法はないのだと教えてくれる。要は、目の前にある1を認識して、その1を10にし、100にし、そして1000億にすることによって、人はそれを成功と呼んでくれる。ビジネス、つまり商売だが、日本語で「商《あきな》い」と言う。要は「飽きない」ということなのだが、毎日1を淡々と継続し、積み重ねることだと知らなければならないのだ。

微差も積み重なれば大差となる

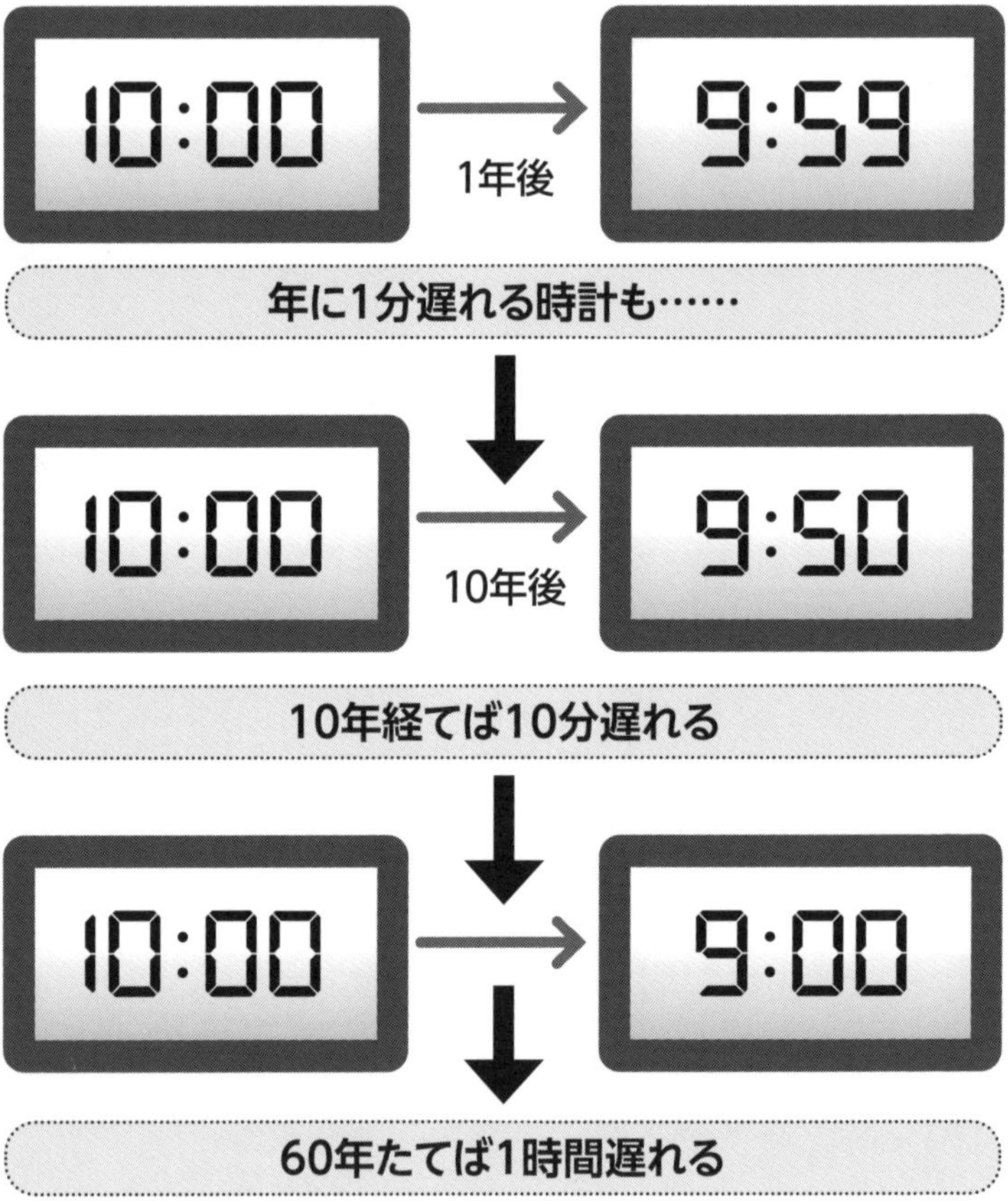

“微差を見逃さない長い目が必要”

法則4
視覚化せよ

電車の駅にはよくハトがいる。神社やお寺の境内にもハトが飛び降りてきて餌をついばんでいる。朝の繁華街のゴミ箱あたりにはカラスがうろつき回っている。これらの主人公は鳥たちであるが、鳥には翼があって自由に空を飛ぶことができる。当たり前のことである。だが人間が空を自由に飛ぶことは可能なのだろうか。毎日の多忙な生活に追われる現代人には、鳥が空を飛ぶことができるということなど、まるで知らないかのように気にもかけず生活を営んでいる、

ところが実際に人間が空を飛ぼうとすると、十数メートルの翼を持ったグライダーを準備しなければ空中を散歩することは不可能である。つまりあれだけの大きさの翼を人間が自分の背中につけていなければ飛ぶことはできない。もし本当にあんな大きな翼を持っていたとしたら、生活するには邪魔になって不便この上ない。しかし、鳥

が空を飛ぶということを自分の目で見ていなければ、動物が空中に舞い上がって飛ぶということを理解することはできない。

人間は鳥が空中に自由に翼を動かして飛んでいるという姿を目にしている。だからライト兄弟は、人間も空を飛ぶことができると考えたに違いない。

目の前にあるものを見るという行動があることによって、願望が実現する。

視るということを英語では、ビジュアライズと言い、その名詞形がビジュアライゼーションと言う。つまり視覚化ということである。

トップアスリートほど、「視覚化」を重視する

この視覚化を人間の進歩の役に立てているのが、特にスポーツの分野である。体操でも卓球でもサーフィンでもゴルフでもアイススケートでも、目をつぶって自分が最高の技をやり終えたと、自分の眼前にありありとまるで映画でも観るかのかのように想像する。その最高の状態を目の中に焼きつけ、最高の状態の体の使い方を考えてみる。視覚化がうまくいくと、最高のパフォーマンスができ、最高得点を得ることがで

きる。

例えば、ゴルフのアプローチだが、グリーン上でパットの芝目にそって、自分のゴルフボールがカップに吸い込まれて入っていくように視覚化する。すると実際にパターを振ると、自分の思い通りにボールがカップインするということになる。

マクドナルドの成功は、「視覚化」から始まった

藤田田氏は、ビジネスの分野ではいつも3通りの方法を考えていた。うまくいったとき、中くらいに進展したとき、あまりうまくいかなかったときである。それぞれに対してどう対処するのかをいつも熟考していた。特に順調にいくときには、かなり視覚化を使っていたと推定される。マクドナルドを始める直前、米国本土のオハイオ州や太平洋上のハワイ州の店舗に入って従業員の動きや顧客の流れをつぶさに目に焼きつけていた。だから、1971年7月20日に、東京都中央区の銀座4丁目の三越銀座店のライオン像横に新たに店舗をつくったとき、次のように視覚化していたに違いない。

「眼前には長蛇の列の人びとがハンバーガーを我先に買い求め、店舗前で温かなハンバーガーをかぶりついてニコニコしている」

そんな姿を見ていたに違いない。米国であれだけ売れているのだから、日本の銀座で売れないはずはないと視覚化していたはずだ。結果、米国本社が郊外型の店舗を推挙していたにもかかわらず、都心型の店舗で大繁盛することになった。これで十分やっていけることを関係者に見せつけることになった。このスタートで成功を確信したに違いない。

これは視覚化に成功した例だ。最初関係者は、ハンバーガーには日本人が好む醤油味が必要で、ケチャップとマスタードで味付けしたパンなど売れるはずはないと全員が口をそろえてそう言っていた。

しかし結果を見ると、いわゆる凡人が考える意見を見事に覆す結果となり、事実が証明して大売れに売れたのである。この1号店を皮切りに、次々に店舗展開を加速して、破竹の勢いで日本国中をハンバーガー旋風に巻き込んでいった。

私も大学生の3年生で米国大陸を自転車で横断し、サンフランシスコからニューヨークまで自分の脚で走り回ったのだが、渡米前にはサンフランシスコのゴールデンゲートブリッジとニューヨークの摩天楼を視覚化した。その結果、最終的にニューヨークのダウンタウンのビルの谷間に自分が立っていることを自覚したのである。

その後、社会に出てからも私はいろいろな場面に出くわすことになるが、いつも最終時点を視覚化して問題を乗り切ってきたという体験がある。

つまり視覚化は成功要件にはかなり有効で、これを活用するかしないかは、最終的な結果に大きな影響を与えてくれることになるのである。

法則 5

大ボラが現実を創る

私が日本マクドナルド社に入社して最初に配属されたのは、大阪の中心地である大阪駅前の梅田だった。自宅が電車で15分程度のところにあったからだ。梅田駅を降りると通路は阪神百貨店につながっている。その地下1階に店舗があって店名が梅田阪神店であった。店舗番号が18だったので、1号店から順番に数えていって18番目の店であった。1973年、大学を卒業するとすぐさま店舗勤務になって、そこに毎日通勤することになった。全国でまだたった18店舗しかない、売上規模はまだまだ小さなよちよち歩きの企業であった。しかし口の肥えた大阪人にも人気は沸騰して、店舗前は人だかりが絶えなかった。

私の親友がわざわざ食べに来てくれて、すぐに「あれはうまい」と批評してくれた。ハンバーガーを買うためにいつ行っても長蛇の列は絶えない繁盛店舗であった。もちろん当時は関西地方で一番売上の大きい店舗であったのは言うまでもない。当時、喫茶店の1日の売上げが3万円と言われていた時代、100万円以上を売上ていたのだから、どれほどすごい数字であるか推察できるだろう。

売上1000億円という大ボラが現実になる

しかし、その当時から藤田田氏はまず100店舗をつくっていくのだとラッパを吹き鳴らしていた。社員であるわれわれは、その目標を聞いたとき、そんなことができるのだろうかと若干の疑心暗鬼にとらわれていた。しかしながら、店舗は確実に増え続けていた。最初の目標であった100号店ができたのが、それから3年後の1976年12月である。すると今度は100号店を開店する頃から、「売上金額を年商1000億円にするのだ」とぶち上げ出したのである。まだたった100店舗しかないのに、500店舗で1000億円の売上だとさらなる大ボラを吹き始めたのである。

我々は会社の内部に働く当事者の従業員である。そんな従業員であっても、この金額は眉唾物ではないかと、疑わざるを得ないくらい途方もなく無謀な目標数値に見えたものである。しかし、そのうちその疑いが徐々に消えてきた。というのも店長会議やマネージャー会議などがあったり、その他の行事があったりするごとに、目標1000億円を聴かされ、次第に耳に擦り込まれるようになり、「もしかしたらできるかもしれない」と次第に思うようになり始めたのである。

100号店達成から3年が経過すると、今度は200号店が1979年10月に達成することになる。ここまでくると、藤田田氏の言うことはもしかしたらホントにできるかもしれないという風に全従業員の心の中が変化し始めたのである。というより、「1000億はオレたちの手で絶対に達成しなければならないのだ」と疑心暗鬼を消失させて取り組むべき目的に変化してしまったのである。

ちょうどその年から5年が経過した1984年10月に渋谷であった。

藤田田氏が高らかに飲食業界で初めての1000億円達成がなされたことを告げたのである。いつものようにエネルギッシュに「1000億円を売り上げる企業が出てこなければ産業とは言えない。これで日本の飲食業は外食産業に本日只今より変化したのである」と宣言したのであった。その真っ只中にあった私も、また同僚、全従業員、店舗で働く仲間たちも大きな雄たけびを上げたのはいまだ記憶に新しい。

そう、大ボラを吹き続けるのだ。そうすることで実際にそれが達成されるようになるのである。これは藤田田氏のかなり大きな大ボラの話であるが、私の個人的なことでも同様なことが実現されることがあった。

個人の夢も大ボラが現実にする

私はマクドナルドでは、入社後10年間は店舗勤務であったため、日本国中はもとより、米国にも派遣されて店舗業務を連綿と続けていた。10年間で10か所を転々とする生活が続いていたので、会社から紹介される住宅に住んでいた。その後、本社勤務になったので定住生活になった。したがって、なんとか自分の家族が住む住宅をほしいと希望するようになった。当時はバブル全盛の頃で、住宅を購入するにもかなりの金額を出さなければ入手できるような代物ではなかった。

しかしながら、いつかはこんな家に住みたいという希望を持って、ある住宅雑誌から気に入った家のイラストを切り抜いたのである。それを自分だけが見える本棚の横に貼ることにした。つまり誰にも告げず自分だけで大ボラを吹いたのである。「いつかこんな家を所持するぞ」と。

そうこうするうちに豪州に移住することになり、自宅を所有することなどとっくに忘れてしまっていた。最初はゴールドコーストからスタートし、その後シドニーに移り住むことになった。当初、アパートに住んでいたが、3人の子供たちが大きくなるにつれて、各人に部屋を与えなければならなくなってきた。そこで結局、シドニーで自宅を購入した方が安上がりになることを知って一軒家の住宅を購入することにしたのである。アパートから今度は自分の自宅に引越しすることになった。一段落して、荷物を整理していたとき、あるイラストを目にしたのである。

それは東京でこんな住宅が欲しいと雑誌から取り出した切り抜きだった。それを見て驚いた。実に、そのイラストが自分が今住もうとしている家だったのである。そう、大ボラは実現する。いつも大ボラを吹き続ける限り、いつかそれが自分の目の前に出現するのである。

法則6

ツキは能力にまさる

藤田田氏はツキまくっている人間である。

マクドナルドを始める前のこんな話がある。チェコスロバキアのプラハに出張に行っていたとき、急遽《きゅうきょ》スウェーデンのストックホルムまで行かなければならなくなった。プラハ空港に行ってカウンターに並んで待っていたとき、自分のところで満席になってしまった。ところがちょうど後ろに並んでいたインド人が係員にどうしても乗りたいと駄々をこね始めたのである。するとどうしたことか、係員は遅れてきたインド人を乗せることにしたのである。当時はチェコとインドは友好国関係にあって、日本人よりもインド人を優先的に扱って乗せてしまったのである。

やむを得ず、別なプロペラ機でストックホルムに向かわなければならなくなってしまった。2時間遅れて向こうに到着すると現地で待ってくれていた藤田田氏の友人は

「まさかこの飛行機で来るとは思ってもみなかった」と大いに喜んでくれたのである。なぜか。実は最初に乗る予定の飛行機はプラハを飛び立った直後に墜落してしまったのだという。実に自分より遅れてやってきた強引なインド人のおかげで命拾いをすることになったのである。神がかり的にツイている。

ナポレオンは自分の部下を採用するとき、頭がいいとか顔がいいとかではなく、ツキのある人間を選んだと言われている。ツキのある人物とはツキを呼び込む能力を持った人間である。そんな人間を集めたら、軍隊はツキだらけで全戦全勝になるに違いない。

藤田田氏は自分でツイていたのは自覚していたが、同時にツイている人間を自分の部下に集めたのは言うまでもない。私が入社したのは会社が設立されて3年目だった。だから私の先輩になる人たちは中途採用の人たちばかりであった。その人たちの顔を思い浮かべてみると、実際大多数の人たちはツイている人財ばかりであったことに今さらながら気づくのである。

マクドナルド創業者に たった5分で気に入られる幸運

藤田田氏はマクドナルドをスタートするとき、創業者であるレイ・クロック氏と初めて面談した。そのときクロック氏は左手を広げて見せてくれた。薬指は第1関節から先がなかった。若いときに工場で切断してしまったのだという。そして、藤田田氏の手を見せろという。「君は指が全部そろっている。私はこれまで20年間働き続けてきてマクドナルドを巨大産業にしてきた。君は指が全部そろっているのだから、私よりもずっと早くマクドナルドを大きくできるはずだ」と冗談を言った。

クロック氏は藤田田氏に会うまでにマクドナルドを日本でやりたいという日本人に何十人と会ってきた。しかし誰1人として気に入る人間はいなかった。

ところが、藤田田氏と会うと、たった5分間話をしただけで、「よし、あなたに任せる。思うようにやってもらっていい。ただひとつだけ希望がある。ぜひ日本で成功させてほしい」。これも神がかり的にツイているエピソードである。

マクドナルドが日本に上陸したとき、第1号店は銀座三越店のいわば軒先を借りたような店舗であった。

しかし、店舗のロケーションは銀座といってもどこでもいいわけではない。4丁目の三越側の角が一番いいといつも新橋から藤田田氏は望遠鏡で眺めていた。そのため三越百貨店銀座店長と話し合った結果、月曜日の休日に店舗をつくるならいいと許可をもらうことに成功した。

またそのとき、銀座の車道である中央通りは週末には歩行者天国に変えられて、車がシャットアウトされることになったのである。通常なら車が通る道が、ビーチテーブルとビーチチェアを置くことができ、遠くから見ると数多くのビーチパラソルがきれいに咲き誇るリゾート的な雰囲気になっていたのである。顧客は、銀座店で購入したハンバーガーをそのテーブルで楽しむことができることになったのである。

これも、販売に大きく寄与することになったのはいうまでもない。やはりそこには藤田田氏がツイていたことを除外することはできないのだ。

藤田田氏のツキはこんな例だけにとどまらない。考えてみると私が仕えた期間、いわばすべてがツイていたと言えることばかりなのである。

外国人がつないでくれたマクドナルドとの縁

　ここで私自身のことを考えてみると、私も同様にツイていたと言えるだろう。大学2年生のとき、米国に行くちょうど1年前に大阪駅前でひとりの外国人に会うことができた。ベトナム戦争に参戦していたが除隊して、母国アメリカに帰国する途中だという。休暇があるのでヒッチハイクで、日本国中を周遊しているのだと告げた。名前はリー・スミス。翌年米国に自転車旅行をする予定だと言ったら、サンフランシスコに来たら知らせてくれと住所をくれた。

　その後、米国旅行をするために神戸の米国領事館に査証を申請したら、長期の滞在予定だから米国住民の後見人（スポンサー）をつけろと言われてしまった。そこで、リー氏に手紙を書いてスポンサーになってもらえないかと依頼した。すると彼の父親はサンフランシスコ近くで会社の社長をしているから、スポンサーになってあげると返信がエアメールで届いた。それを領事館に持っていって、無事査証を取得することができた。もし、大阪駅前でリー氏に会っていなければ、スポンサーは見つからなかったかもしれない。

米国旅行ができたおかげでマクドナルドを知り、最終的に藤田田氏の下で仕事をすることができることになった。これも自分自身がツイていたからだと言えるのである。

第2章

時間の法則

法則7

「朝礼朝改」が成功を加速させる

朝令暮改《ちょうれいぼかい》という熟語がある。

「朝出された命令が夕方には改められる意。法令などがすぐに変更されて一定せずあてにならぬこと」（大辞林）

つまり、朝にこのようにすると出した命令を、夕方になったら不都合になったので、それを取りやめるということを表現した言葉である。

これを実践していたのが藤田田氏であった。私はマクドナルドの黎明期《れいめいき》に入社したので、周囲では新しいことがどんどんと発生し、またどんどんと改善されていくのを毎日目の当たりにしていた。

例えば、店舗で使用される帳票である。現代ならコンピューターがあるので在庫の数値などもキーボードを使って打ち込めばいいのだが、当時はまだそんな便利なものはなかった。今ではお目にかかることのないＢ３サイズの用紙に印刷された在庫表が店舗に配布されていた。配送の都度、その日の食品入荷数量を手書きで記入していたものである。すべての帳票は手書きが標準であった。その計算には電卓が使われて、帳票から拾ってきた数字を順番に足したり、引いたりしていたのが普通だった。手計算だから、ちょっとしたミスで計算間違いが起こる。すると数字が合わないので、幾度となくやり直すという手間のかかることを連綿とやっていた。

これらの数字も配送される個数や単位が異なったり、あるいは業者が変更になったりすると用紙がまったく使い物にならなくなるのは日常茶飯の出来事であった。そのたびに、帳票用紙はゴミ箱行きになって、新しい用紙が本部から送られてきた。もったいないなと思いながらも、それらを指示に従って廃棄していた。

あるハンバーガーの発売が朝令暮改の常識を変えた

もっと大きなものでは４分の１ポンド（約１１３グラム）の牛肉を挟んだ「クォーターパウンダー」を導入したときだった。創業から数年しか経過していないその当時は、肉類のハンバーガーは、肉1枚入った普通のハンバーガーと肉が2枚入ったビッグマックだけであった。まだハンバーガーも世間一般では熟知される以前の未成熟のときだった。

そんなとき、藤田田氏は「これからは大型ハンバーガーの時代になる」と言って、クォーターパウンダーを全店的に採用したのである。そのために、必要器具や機械類を準備しなければならなかった。そこで各店ベースでかなりの金額を投資して、その新製品を発売することにしたのである。それだけではない。メニューから広告宣伝のマテリアル、原材料の調達と配送など、関連するシステムも半端ではない。

しかしながら、結果としては時期があまりにも早すぎた。1個当たりの販売金額も高価だし、肉が厚い分だけハンバーガーに比べて3倍くらいの時間をかけなければ、商品として出すことができなかった。当時、注文を受けてからの提供時間は32秒としていたので、クォーターパウンダーを注文した顧客がしびれを切らしてしまったのである。

要するに、そんな簡単に出せる商品ではなかったことが実施していくことで判明した。結果、数年ほどしてクォーターパウンダーはメニューから外されることが決定した。

その後始末として、新たに投資した器具類はそのままゴミ箱行きとあいなったのである。

藤田田氏は全社員に対して次のように説明した。

「大型ハンバーガーは日本には時期尚早であることがこれで明らかになった。日本人がもっとハンバーガーを食べる時機が到来したら、これに再度挑戦する」

また、「朝令暮改はよろしくないというのはこれまでの常識だった。しかし、常識も時代と共に変わっていくものである。だから、常識もどんどん変えていかなければ時代に取り残されてしまう。時によっては、必要とあらば朝令朝改でもいいのである」と続けた。

藤田田氏は、時間とビジネスとその決定をこのように述べている。この考えがベースとなってビジネスが展開されていく。

新型コロナをきっかけに、ニューノーマル時代に生きる私たちは、当時以上に時代や社会の環境変化にすぐに対応していくことが求められている。「今日の常識は、明日の非常識になる」ぐらいのスピードでの変化。まさに「朝礼朝改」が当たり前の時代になったといっても過言ではない。この基本をもとに時間のとらえ方がどのようになっているのかを、この章で詳しく説いていきたい。

ところで後日談がある。

クォーターパウンダーがメニューからはずされてから四半世紀が経過した2008年11月に、関東地方の店舗でこのハンバーガーがレギュラーメニューとして登場したのである。当時、大々的な宣伝効果もあり、このバーガーは爆発的に売れに売れて人気商品になってしまった。その後、全国の店舗でも販売されるようになるのは言うまでもない。

やはり、朝令暮改でダメだったらすぐに撤退し、次の機会を狙うことが必要であることを如実に物語る実例だ。

法則8

目覚ましは90分間単位で鳴らせ

ちょうど眠りについたときに電話のベルが鳴る。何かの緊急事態が発生したのかもしれない。とにかく電話に出る。ところが単なる連絡事項だった。その後が大変である。もう眠ることができなくなってしまうのだ。こんな経験をした読者は数多くいることだろう。

なぜか。それは睡眠にはサイクルがあって、最初ウトウトとして、次いでどんどんと深みにはまっていって、眠りから自然に覚めるように眠りが浅くなっていく。これを「スリープサイクル」と言っている。このサイクルの一番深いときに起こされると、眠りが邪魔されるので、起きた後も眠くて仕方がないのである。このサイクルの時間は90分だと言われている。90分だから1時間半である。

するとどうなるかというと、第1サイクルは1時間半。続いて第2サイクルが3時間。

第3サイクルが4時間半。第4サイクルが6時間となって、第5サイクルが7時間半である。つまり、たいていの普通の人が8時間の睡眠時間をとるというのは、実はこのスリープサイクルで見ると、ちょうど5回を体験しているのではないかと考えられる。8時間との差である30分間は、最初にベッドに入って睡眠がスタートするまでの準備時間だとすると、ぴったり合致するのである。このサイクルに合わせて、一番眠りの浅くなったときに起きると、すっきりと起きることができ、眠たさもそんなに感じないのである。

眠りのサイクルを知ってそれに合わせて起きる

この情報を知ってから私は、1時間半単位で目覚ましを合わすようにしたのである。例えば明朝5時に起きなければならないとしたら、3サイクルの4時間半が適用できる。真夜中0時半に眠ると4時間半後の5時がサイクルの最後になる。あるいはもう少し眠りたい場合は、あと1時間半を加えて、夜の11時に就寝すると4サイクルの6時間となって、起きる時間が5時となる。

だから起きる時間からさかのぼって、サイクルの時間に合わせて何時に寝たらいいのかがこれでわかるのである。私は海外に出張に行ってそんなに睡眠時間がとれないことが数多くあった。そんなときは、1サイクルの1時間半だけでも眠るようにすると、目が覚めたときに眠たさが体調に大きく影響しないのである。

これからは世界時間で仕事をしなければならない時代になった。だから、どのように眠って、どのように起きるかも、自分でしっかりつかんでおかなければならない。時差ボケで頭が順調に回転しない状態でビジネスをしなければならないとしたら、それだけでもう負けてしまっていることを自覚しなければいけないのだ。

遅刻防止に効果がある時計の進め方

ところで、起きる時間に関して、私はマクドナルドに入社したとき失敗をしたことがある。それは、新入社員研修であるハンバーガー大学に通っていたときのことである。前夜、学友と飲みに行くことになって、大いに飲んで楽しんだ。宿舎に戻って寝床に入った。授業は9時から開始であった。朝になって目が覚めた。時計を見て驚いてしまった。なんとそのとき、すでに8時半。9時までには30分間しかない。しかし、宿舎からハンバーガー大学までは電車で1時間かかる。「ああ、もう遅刻だ！」

同宿の学友2人を叩き起こして、3人でとりあえずとにかく駅までダッシュしたことを今も覚えている。約1時間の遅刻である。こっぴどく叱られたのは当然である。まだ、研修だから救われた。これが店舗であれば、開店時間に間に合わず、多数の人たちに迷惑をかけることになったのは間違いない。

そのとき以来、私は決して遅刻はしてはならないと肝に銘じたのである。その防止策として考え出したことである。

それは、時計の長針を、標準時間から数分間進めるように工夫したのである。実際に1分間から始めて、徐々に長くしていった。何か月もかけてそれぞれの長さを試していき、良いか悪いかを判断した。結果から言おう。現在、私の時計の長針は15分間進んでいる。それは長期にわたるリサーチの結果であるが、15分間が一番見やすく、また15分間あれば、なんとかリカバリーできる時間であることを体得したからである。

時間に余裕を持ちたい読者には、一度試していただきたい方法である。

法則9

制限時間でゲームが行われている

私に親友と言える友人がいた。彼と会ったのはひょんなことからだった。約20年前のことだ。私の家内の実家が名古屋にあったので、毎年のように名古屋を訪問していた。彼の職場は名古屋駅前にあったので、ちょうど都合がいい場所でもあった。来日のたびに近くの喫茶店をよく利用し、数時間話をすることが2人の楽しみでもあった。

彼が7月で60歳の誕生日を迎えるということになり、職場の規則で定年退職をしなければならなくなった。通常、定年退職をした従業員は職場から去るのが一般的だった。しかし、彼はそれまで40年間近く力を抜くこともなく、まじめに務めあげていた。そんな真摯《しんし》な職務態度から、職場はパートで週3回程度働いてもらうように声をかけてくれたのである。本人も家でぼんやりするのもイヤで、そのオファーを受けることにして、働き出した。

2か月ほどすると、体調がすぐれないのを自覚するようになった。本人はこれまでの仕事が急に楽になったので、「燃え尽き症候群」にはまってしまったのだと楽観していた。

すると7月3日になったとき、急に左の腹部に痛みが出始めたので、近くの市民病院に診察を受けに行ったのである。チェックをすると肝臓に若干のガンの細胞が発見されたので、すぐに入院することになった。精密検査の結果、彼の脾臓は完全に癌に占拠されており、余命1カ月という診断がなされたのだった。7月13日に、抗ガン治療をする予定で病室も準備された。しかし、その治療開始の当日、病の発見からたった10日で彼は天国に召されてしまったのである。

ビジネスでも生活でも1日の制限時間がある

かくも人間の生命ははかないものである。

ラグビー、サッカー、バスケットボールなどの試合は、制限時間がある。友人は余命1年間と宣告されたが、それが彼の制限時間だったのだ。しかし、結局たった10日間の余命しかなかった。彼の場合は制限時間があっという間の短時間であった。

では、我々の場合はどうか。よく考えてみると、私たちも彼とほとんど違わないのである。その制限時間が数年間か、数十年間かの違いでしかない。とはいうものの、早晩余命10日間という時期もやってくる。ただ、各人についてはどれだけの余命であるかを判定できる人はこの世には誰もいないから、結局その時期は誰にもわからないだけなのである。

したがって、毎日自分のベッドから起き上がったとき、そこからが毎日の制限時間のスタートである。誰かによってスタートボタンが押され、秒針がチクタクと音を立てて逆回転していく。1日に8時間眠る人は、残りは16時間しかない。それが1日における制限時間だ。その時間でゲームを行っていく。それを自覚してビジネスをしたり、生活をしたりするかどうかで、大きな得点が得られるかが決まっていく。

法則 10

時間は生産的に使え

時間は見えるだろうか。時間そのものを見ることは不可能だ。スマホが示す時間の数字だったり、壁の上にある掛け時計の針が動いていたりすることは見えるが、それは数値や針であって時間そのものではない。

時間に色があるだろうか。そんなものを見たことはない。時間に臭いがあるだろうか。どこにもそんな臭いはない。時間に感触があるだろうか。ザラザラしていたり、ツルツルしていたりするようなことを今までに聞いたことも見たこともない。やっぱりそんなものはない。

つまり、時間はまったく捕まえようのない代物であることがわかる。

風なら頬をなでていったりするので、風があることがわかる。太陽光線なら外に出ていれば暖かさを感じるので、そこにあるということは何となく理解できる。しかし、時間にはどのような手触りも感触も物理的な痕跡というものがまったくないのだ。だから放置しておくと知らぬ間にどんどんと、どこかに消失してしまうことになる。これが時間の特性だ。

これを知ってないと時間は捉えどころがないものになる。例えば何もすることがないと言ってゲームをやり出す。ところが、このゲームをやったことで何か利益を得ることができるだろうか。ただ時間を無駄に過ごしているだけである。何かを生み出していないから、つまりは非生産的な時間の使い方をしていると言える。

しかし、このゲームに挑戦するにも、自分が将来ゲームの専門家になったり、ゲームのプログラマーになったりするのだという目標があれば、そのためにゲームを自分でやって、研究しているのだということになる。それならこの行為は何かを生み出していると言える。つまり、生産的な時間の使い方をしているのだ。

だから同じ出来事でも、時間には生産的な時間の使い方と、非生産的な時間の使い方の2通りの使い方があることを理解しておいた方がいい。それを自覚しながら時間の中にいるのと、そうでないのとでは、最終的に雲泥の差になって出現してくるからだ。

過ごし方でも大きく異なる生産的と非生産的の時間の違い

私はフランスのサントロペに行って、海岸沿いの「カフェドパリ」の店舗でカプチーノを飲んだ。椅子に座ってカップから立ち上るほのかなミルクとコーヒーの香りをかぎながら、目の前を通る人びとを眺めていた。何をするわけでもない。しかし、私は何もしないその時間そのものを楽しんでいたのである。私が椅子に座っている時間に何かをしていたかと言えば、何もしていない。だから非生産的であるとも言える。しかし、私はあるコーヒー店で、通りすがりの人たちをながめながらコーヒーを楽しむ、という目的でそこに自分を置いたのである。目的を持って時間を過ごしているのだから、生産的なのだ。

また、ある禅寺に行って禅の修行をしたとする。これは外から見たら、座布団一枚の上にあぐらをかいてじっと座って何もしていない。一見、何もしていないから非生産的であると言えるが、これも悟りを得るために瞑想《めいそう》をしながらじっと座っている。目的を持って座禅をしているということである。だから、やはりこれも生産的だと言えるのだ。

おわかりになるだろうか。生産的な時間の使い方と非生産的な時間の使い方の違いを。

要は、何かの目的や目標を持って時間を使って何かを成し遂げようとすると、それは生産的となる。しかし、ただやみくもにダラダラと時が過ぎゆくままに放置しておくことが、非生産的となるのである。

その差を生じさせるのは、ひとえにその時間を楽しむ人の認知度の差である。自分がある時間を生産的であると考え、その方向に引っ張っていけば、それは生産的な時間となっていくのである。

法則 11

1分間は6時間に匹敵する

時間には生産的なものとそうでないものがあることがわかった。では、もし毎日1分間だけでよいから、それを生産的に使ったとしたら、1年間でどれだけの数字になるだろうか。ちょっと計算してみよう。

1分間×365日＝365分間＝約6・1時間

たった1分間だけでも生産的に使ったとしたら、1年間積算してみると、6時間にも及ぶのである。1日の労働時間が8時間だとすれば、1日の労働時間とあまり変わらなくなってしまう。では、もう少し長くしてみて、10分間や1時間ならどうなるだろう。

10分間×365日＝3650分間＝約61時間（1日を8時間換算すると）＝7・6日

1時間×365日＝約365時間（1日を8時間と換算すると）＝45・6日間

要は、1分間の10倍である10分間を有益に使ったとしたら、1年間ではなんと7日以上、つまり約1週間が生産的に使われることになる。

1時間なら年間で約46日間も有益に使われたことになる。もしあなたが約46日間、フリーに何でもできる時間があったとしたら、一体何に使うのかちょっと考えてもらいたい。8時間で1冊の本が読めるとしたら、年間に46冊の本を読破することができることになる。こんなに有効的に生産的に時間を使うことが可能なのだ。

毎日わずかな時間でも生産的に使い続けてみる

ひとつの例を出してみよう。私は趣味として中国語を学んでいる。1日に30分間である。15分間のラジオ講座を2科目毎日聴いて、自分でも声に出して反復する。たった15分間の講座である。費用もテキスト代だけだ。ちょうど2年前になるが、中国政府が公認するHSKという中国語の検定試験があることを知って、そのテキストを購入して受験することにした。一番下の級が1級で、高度になるにつれて級の数が上がっていく。最高は6級である。私は自分の受験できる級は4級だと判断して、独学で勉強した。約半年ほど学んで試験会場に臨んだ。

受験者は、シドニーで育った中国人の高校生や大学生らしき人たちであった。その人たちが中国語の実力を示すためにこの検定試験を受ける。私が一番年長であるのは明らかであり、自分の存在がちょっと場違いにも感じた。受験が終了して1か月ほどが経過すると結果が中国本土から郵送されてきた。見ると合格である。その後、北京にある精華大学から、大学入学に際しての注意事項のメールが届いた。ちょっと驚いてしまった。

1日たった30分間の外国語の学習を永年継続してきた。とにかく生産的にやってきたことで、この程度までの実力をつけることが可能であることを知った。趣味だから気楽にやっている。しかし、1日に半時間を積み重ねていくと、こんなところにまで行きつくという事例として挙げてみた。

1日の1分間を過少評価すべからず、1日の1時間をバカにすべからずである。

時間の有効活用による生産性の向上

8時間で1冊の本を読めるとしたら……

1日 1分 → 1年 365分 = 6.1時間 → 約**1**冊 読破

1日1分の読書なら年に約1冊読破

↓

1日 10分 → 1年 3650分 = 61時間 → 約**8**冊 読破

1日10分の読書なら年に約8冊読破

↓

1日 1時間 → 1年 21900分 = 365時間 → 約**46**冊 読破

1日1時間の読書なら年に約46冊読破

“生産性は積み重ねによって高まる”

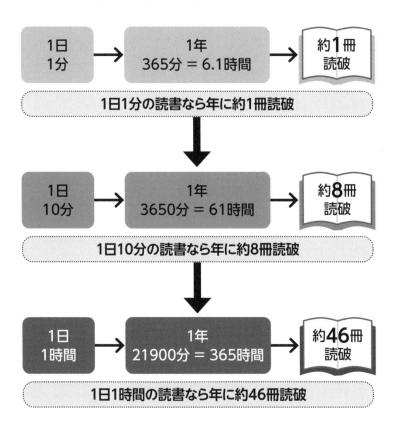

法則12

会議は中途半端な時間で始めよ

マクドナルドの会議室には奇妙な風習があった。それは会議室の天井に近い場所には、いくつかの数字が切り文字で壁に貼り付けられていたのである。

例えば、ある一角に3・4メートル、別の一角に8・61メートルという具合である。別の場所には、29・27と書かれている。その横には8・86と表示してある。これらの数値は、どの会議室でも表示されていた。

勘の鋭い読者なら、すぐにこの数字の意味を理解するだろう。つまり、部屋の横の長さが3・4メートルで、縦の長さが8・61メートルということである。それらを掛け合わせると、その部屋の広さが29・27平米ということであり、坪数で表せば8・87坪ということになる。それをしっかり表示してあったのである。

私は、職務柄いろいろな工場や企業を訪れることがあったが、通される会議室にその広さを示す数字が書かれていたことを目にすることは一度もなかった。マクドナルドの会議室だけの独特のものだった。

これらにはどのような効果があるか。

会議室に入って椅子に座る。ふと天井に目をやると、これらの数字は否が応でも目に入ってくる。「ああ、この部屋の長さは8・61メートルなんだ」と数を体感的に感じ取ることができる。また、「29・27平米は、だいたいこのくらいの広さなんだ」と理解する。「それを坪数で表すと約9坪だ」と広さが体感できるのである。会議室だから店舗開発のミーティングも頻繁に行われる。この数字があると、店舗や倉庫の広さを討議するときに大いに参考になるのである。

この数字や広さはどのようなことを教えてくれるのか。

新店舗ができて、その店舗の広さが店舗情報で流される。そこに45坪と出ていたとする。すると「ああ、あの会議室の5つ分が新店舗の広さなんだ」と、すぐさま会議室と結びつけて考えることができる。これはホントにいいトレーニングとなる。45坪と言われて、すぐにその広さを頭に描ける人というのは、いわば専門家しかいない。しかし、一般従業員がその広さを瞬時に体得できることは、かなりの利点となるのである。同じ数字をもってきて比較ができ、侃侃諤諤《かんかんがくがく》の議論が会議室でできるのである。
藤田田氏は、いつも数字でモノを表せと口酸っぱく言っていた。そんな現実がこの例である。

中途半端な時間だからこそ時間を意識した行動ができる

会議に関しては、これ以外にもマクドナルド独特のやり方があった。それは会議のスタートの時間である。一般の会社なら、開始時間は13時30分からとか、14時00分とか、覚えやすいきっちりした数字である。

ところが藤田田氏との会議となると、そうではない。13時32分とか、14時03分とか半端な時間なのである。こうなると簡単には覚えておくことができない。絶えず開始時間が半端で異なった時間が設定されるので、時間をしっかり把握しておかなければならないのだ。

また、会議は数珠繋ぎのような状態でセッティングされていた。つまり、前の会議が13時31分に終了すると、次に始まる会議は32分にスタートするのである。まるで放送局の番組の時間のような組み立て方なのである。

会議の時間も10分間とか15分間とか、とにかく短い。

それは日本の会議は訳のわからない議論を尽くして、結果、何も結論の出ないというものが多い。そんな会議の弊害を極力矮小化するために、藤田田氏は、会議は結論を導く決定の場所であることをいつも口にしていた。

必要な情報をテーブルの上に出して、藤田田氏の決定を仰ぐというのが方法論であった。グダグダした説明をするの従業員にはカミナリが落ちることはよくあることだった。従業員は要点をまとめて数分で問題点の提示をすることが要求されていた。それに至るプロセスのためのチャートや数字は好まれた。

このように、会議の開始時間を中途半端にするということは、会議の時間を貴重な時間であることを無意識に知らせるだけでなく、その限られた短時間に結論を導くことを明らかに従業員全員に知らせていたのである。

法則 13

選択と集中が時間を生む

時間を考える上で重要なことがある。それは自分にとって利益になるものと、そうでないものを分別するということである。つまり、自分にとって得になることはどんどんやって、不必要なことは極力やらないということ。要は、選択と集中を最大限に実践するということだ。

簡単な事柄を考えてみよう。

朝食事をとる。こんな簡単なことを要か不要かで分別してしまうのである。ダイエットをしているなら不必要と考えて、食事はとらないという選択ができる。もし朝食をとるとしたら、それは家の中でとるのか、それとも外食してしまうのかという選択ができる。家の中で食べるとしたら、トースト・コーヒー・果物と決めておくのか、それとも毎日違うメニューで食べていくのか、である。

朝食に食べる果物でも、バナナにするのかオレンジにするのかをあらかじめ決めておく。もしオレンジを選んだのなら、昨晩のうちに皮をむいてすぐに食べられるように保存容器に入れて、冷蔵庫にしまっておく。すると翌朝、何も考えずに朝ごはんを食べることができる。あるいは、外食するならマクドナルドの駅前の店舗で、毎日決めたメニューを何も考えずに注文してしまう。毎日通い詰めると顔が知られるようになる。そうなるとしめたもので、「いつものやつ」で食事が出てくるようになる。

ここまで徹底的に選択してしまうと、あとは時間が湧き出てくるようになる。その捻出した時間を必要なことのために精力を集中させるのである。

朝食を食べながら本を読むのでもいいし、今日1日のプランをそこで作成してしまうというようなことでもいい。

要・不要ということで考えると、例えば洗濯をして物干しに干す。ここまではどうしてもしなければならないことである。次にやらなければならないことに、洗濯物を取り入れてたたむという作業がある。そのたたむ時間を不要と考えて、取り入れのときにたたんでしまうのである。すると、後でたたむという時間を節約できる。

また、ワイシャツならばアイロンがけがあるが、それもアイロンをかけるだけの単独作業ではなく、別な作業をしながらやるのである。例えば語学テープを聴きながらやるというような方法である。

選択した時間を集中させると長期的な考え方ができる

今の例は、日常生活の卑近《ひきん》な事象であるが、藤田田氏は時間を選択・集中することによって、もっと長期的なものごとを考えるために時間を投資することを推挙している。

まずはウィークリーの予定を立てて、次の1週間をどのように過ごすかを考える。実際には、2週間のタイムプランが好ましいと言っている。

例えば月曜日はビジネスの勉強をする、火曜日は気分転換にちょっと飲みに行く、水曜日には英会話を習得する、などといったプランを立てて、そこに集中的に精力をつぎ込んで自分自身に投資するのである。

そのようにして選択し、集中した時間を10年という単位で捉えていく。10年間であれば1年365日の10倍であるから3650日になる。これだけの期間があれば、あるひとつのことに集中できてものになる。実際、かなりの専門家になれるのである。そうやって自分の実力を蓄えたら、引く手あまたとなる。

そう考えると、1人の人間が売り込める回数はほぼ3回ある。まず大学を卒業して社会人になってからの10年後、33歳である。次の10年後は43歳、そして最後に53歳である。また、その間に日本という国を冷徹な目で見るためには若いときに海外に出る。外から日本を見ることが広い視野でものごとを見ることのできる方法である。

だから、藤田田氏は従業員を機会あるごとに海外研修に出すよう、いつも画策していたものである。

私を例にとれば、藤田田氏からこのセオリーを耳にはしていたが、実際には私にとってはそれぞれの10年間は怒涛の時代であった。だから絶えず新しいことが目の前に押し寄せていた。そのため自分では余裕もなく、そのような考えは意識する暇もなかった。

しかし、少し時間的に余裕があるようになってから冷静に振り返ってみると、実は私は藤田田氏が説くように動いてきたのだと、近年自覚するようになったのである。

最初の10年間は、店舗関連で営業活動を実施した。次の10年間は本社でスタッフとしてバックから支える役割をこなした。

次いで豪州に移住して、海外の工場でマネジメントを自らが行うことになった。

最後には日本に戻ることになって、それらの体験のすべてを集約して企業のトップとして活躍できたのである。

選択と集中を意識することで、新たな時間が生まれ、爆発的なエネルギーが生み出されることがこれで証明されたことになる。

法則14

自分でシナリオを書いて実演せよ

マクドナルドにはトレーニングビデオというものがある。新人のアルバイトの従業員、それをクルーというのだが、新人が採用されて入店したときに見るのがそのビデオであった。私は社内研修センターであるハンバーガー大学に1年半ほど所属していたので、そのクルー用ビデオ制作にも若干だが関わったことがある。

まずテーマを決めて、あらすじをつくる。それにそってシナリオが書かれて、セリフが決定される。俳優のオーディションをやって、必要人員を確保する。次にロケをする店舗を選んでそこに行き、ビデオカメラで俳優たちのアクションをフィルムに収めるのである。

撮影の一連の作業が終わると、フィルムはスタジオに持ち込まれて、必要な場面を切り取っていく。細切れになったフィルムはストーリーに沿ってつなぎ合わされる。

全体の流れができると、今度は再度、出演俳優を集めて、できたフィルムを見ながら、それぞれのセリフをかぶせていく。最後に音楽を入れ、字幕やキャプションも入れ、これで1本のフィルムが完成となるのである。ちょっとした作品でも、映画をつくるのとまったく同じ作業をして制作するのである。完成して視聴すると、関係者からは歓声や大拍手が起こる。

これらのフィルムとは若干異なるのだが、私のストーリーをちょっと紹介してみよう。京都で店長をしていたときのことである。休日のある日、あるホテルの横の通りを歩いていたときであった。地下に続く階段の前に行灯《あんどん》があって、「手相」と墨字で書かれていた。それまで私はプロの人間に手相を見てもらった経験がなかったので、興味本位に地下に降りてみることにした。

薄暗い通路についたてがあって、1台の机が置いてあった。1人の女性手相見が手持ちぶさたそうに顧客を待って座っていた。真正面に座ると、テーブルの上に手を上に向けて差し出した。「私は将来、海外に行って生活したいと思っているのですが、海外に住むことができるでしょうか」と聞いてみた。その手相見がまざまざと私の手を覗き込んだ。数分間経った後にこのように宣託《せんたく》を告げたのである。「残念ですが、あなたには海外に行くことはありませんし、また、住むようなことはないですね……」

その言葉を聞くと、私は見料をそそくさと支払ってぶぜんとして地上に出た。私はかねがね海外に出て、海外で住むことを願望していた。ところが手相見の見立てはまったく違うものであった。そこで私はその手相見に挑戦してやろうと心に誓ったのだ。そして海外に居住するというシナリオを、その時点で心の中に書いたのである。

自分で目標を決めたシナリオを自分自身で演じて達成する

まるでビデオを撮影するかの如く、そこから私の演技は始まった。そうこうしているうちに会社から2年間の海外長期滞在の社命が下りた。それで家族ともども米国カリフォルニアに住むチャンスが巡ってきたのである。その時点で、あの手相見の鼻をあかしてやったとほくそ笑んだのである。帰国すると、部署が変更になって海外に出かけることが多くなった。その後、豪州ゴールドコーストにできる日本食レストランの支配人の仕事の依頼が入ってきた。そこで思い切って18年間勤務したマクドナルドを去る決心をした。オーストラリアに移住すると、次いでシドニーから招請があって、野菜工場で品質保証マネージャーとして働くことになったのである。結果、そこで住宅を購入して永住することにした。これが私のビデオフィルムである。

非常に僭越だが、藤田田氏も同様にシナリオを書いて、自分のシナリオ通りに突っ走ってきたと思っている。マクドナルドに出会って日本にハンバーガーを持ち込み、まず100店舗というシナリオを描いた。次に1000億円という売上目標を掲げた。その後売上5000億円をぶち上げて、そのシナリオ通りに演技をしてきたのである。最後の5000億円には到達することはなかったものの、4000億円以上まで売上を伸長させたのは、ひとえに藤田田氏のエネルギーの賜物である。ただ、藤田田氏の他界後には、実際に5000億円が達成された。そのことは、やはりそのシナリオがあったからだと言えるのである。

このように自分でシナリオを書いていき、そのシナリオ通りに演技をすれば、ビデオフィルムが完成するのである。時間は方向性が決まっている。現在は只今であり、その只今を継続していくと、シナリオの結論が待っている。このように、時間は自分でコントロールできるように仕組まれている。シナリオを自分で書いて演技をすれば、結果、目標に到達するようにできているのだ。

法則15

時間販売業・節約業たれ

今から東京を出て大阪に出張をすることを考えてみよう。その方法と必要時間を遅いものから並べてみると、

徒歩—約1カ月
自転車—約1週間
在来線鉄道—約10時間
高速バス—約9時間
レンタカー—約6時間
新幹線こだま—4時間
新幹線ひかり—3時間
新幹線のぞみ—2・5時間

格安航空会社――1・5時間
日航機・全日空機――1時間

となる。私は最初の徒歩を除いて、他のすべてを自らの体で体験した。現代において徒歩で東海道五十三次の宿場を一泊ずつ泊まり歩いて大阪に出張する人は皆無であろう。また、自転車も同様に出張向きではないのは、やらなくてもすぐに理解できるだろう。

実際にこれらを体験してみて理解したことがある。それはおおむねであるが、利用交通機関の必要時間と、それに支払う費用は反比例するということである。徒歩や自転車ならば費用はゼロであるが、到着までにかなりの日数を必要とする。全日空機に乗れば1時間で飛んでいけるが、運賃は他に比べてかなりの金額を覚悟しておかなければならない。つまり、現代人は時間をお金で購入しているということが、このことから明らかなのである。

藤田田氏は、マクドナルドの事業は食品販売業ではないという。実は「時間販売業あるいは時間節約業」だとまで断言している。

例えば朝の多忙なときに、自宅で朝食を準備するとなると、どんなに簡単にしても

30分間は必要だろう。それに食べる時間が約半時間。加えて食器を洗うとなると、プラス10分間程度が必要になる。それらを全部合計すると、小1時間は必要なのである。ところが、朝起きて身支度を整えて外に出る。駅前のマクドナルドでブレックファストを注文すれば、なんと準備や後かたづけの1時間がまるまる浮いてしまうのである。だから、時間節約業だと言っているのだ。

ただ時間を短縮するだけではない節約した時間をどう活用するかだ

これからは、ますます時間が僅少になっていく時代である。いくら時間があっても足りなくなる時代だ。だから時間を節約したり、時間を販売するビジネスはどんどんとニーズが出てきて、売上が上がるようになってくる。マクドナルドの創業当時は、そのメニューも13品目しかなかった。それだけメニュー品目を絞っているので、商品をすぐに出すことができた。また、藤田田氏が科学的に見つけたのは、顧客が速いなと感じるのは32秒間ということ。だから、その時間内にスピーディに出さなければならないとした。従業員である私たちはいかにその時間内で出すようにするか、知恵を絞り出して考え抜いたものである。スピードが武器になるのである。

出張で大阪に行く場合、時間を節約するために飛行機に乗るとすると、これは顧客側から見ると時間を買っている。航空会社からすると時間を販売しているのである。つまり購入と販売は、時間の場合はちょうど裏表の関係にある。だから買う側の自分のニーズは、実は販売側からするとチャンスとなるのである。それをどう見つけていくかがビジネスにつながってくる。

在来の鉄道なら10時間もかかる大阪までの道のりを、飛行機に乗ることによって1時間に短縮できたとして、差し引きの9時間をどのように投資するかが問われてくる。1時間で早く大阪についても何も生産的なことをしてなければ、単に早く行ったということにしかならない。その9時間の時間を利用して、3軒の顧客を巡回してセールスを取ったとすれば、これは早く到着しただけの価値がある。

これをコストパフォーマンスという。費用対効果とも称されている。時間節約業あるいは時間販売業を実践する中で、どうやったら顧客にスピーディーに届けることができるかが問われている。それを自分のビジネスにあてはめて絶えず改善していくことが、この世に生き残っていく道なのである。

時間を販売・節約するという考え方

東京から大阪へ出張するとして……

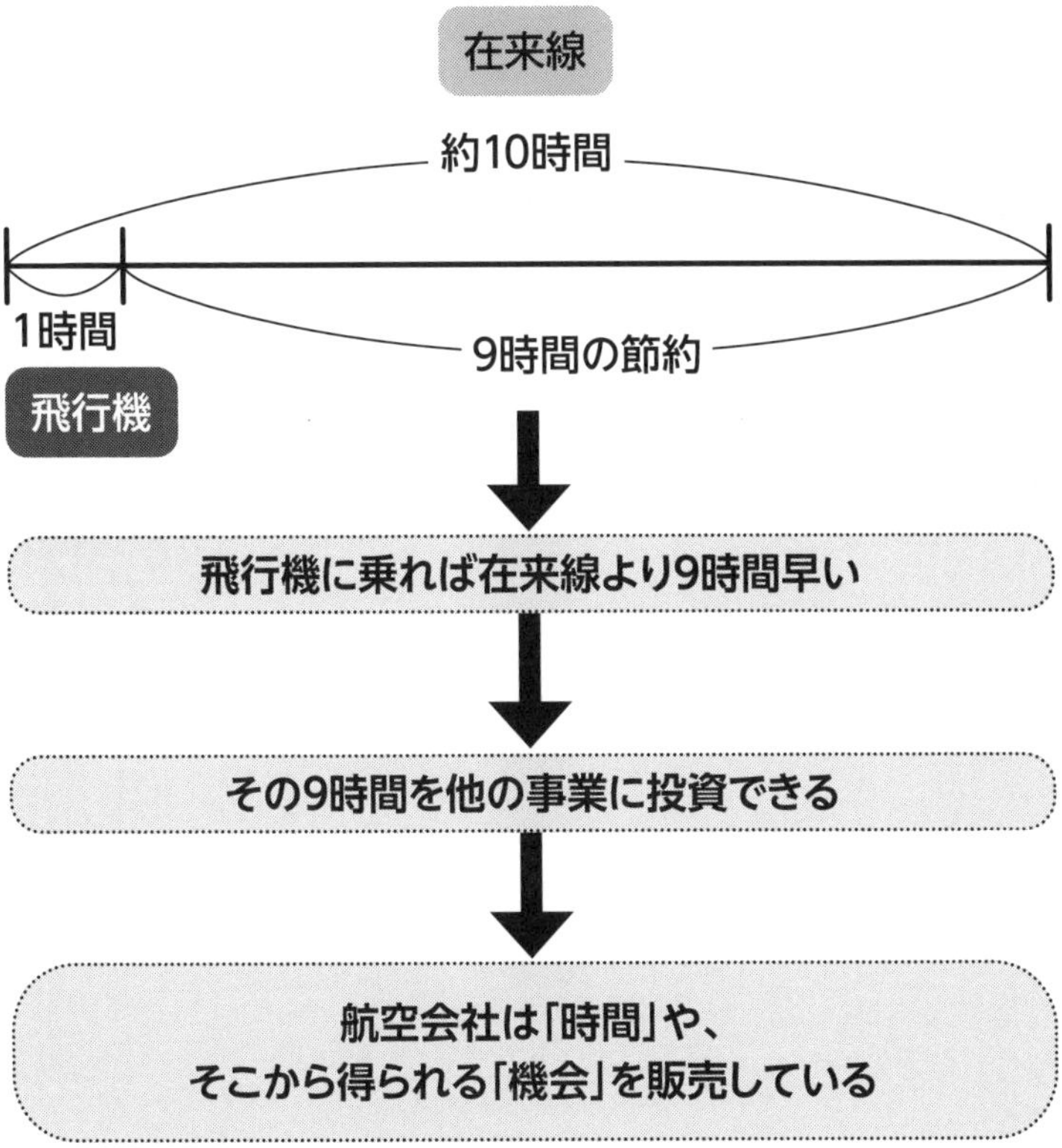
在来線
約10時間
1時間
9時間の節約
飛行機
飛行機に乗れば在来線より9時間早い
その9時間を他の事業に投資できる
航空会社は「時間」や、
そこから得られる「機会」を販売している

**“重要なのは顧客に
「スピード」を提供すること”**

第3章

お金の法則

法則 16

カラスは白いを証明せよ

朝のゴミ箱回りに群がっているカラスたち。残飯をあさって周辺の道路にゴミをまき散らしている。時には人間を襲ったりもする、ちょっと危険な鳥でもある。このカラスの色はご存じの通り、見かけは黒である。

しかし、実はこのカラス、羽根の色は白であることをご存じだっただろうか。あの黒い装束の下には白い羽を隠しているのである。というのも、以前カラスは白だったのだ。今のような色になる何千年かのずっと昔、カラスは真っ白だった。ところが、夜行性のため、白では真っ暗な闇夜の中ではあまりにも目立ちすぎていた。そのため、反対に自分が襲われるハメに陥ってしまったのである。

また、餌などを捕獲するにも白では目立ちすぎて、すぐに逃げられてしまう。餌にもありつけないということになってしまったのだ。この色では非常に不都合であったのはまぎれもない事実だった。そのため、時代を経るにしたがって徐々に進化を遂げて、白から灰色、そして現在の黒に優性遺伝的に変化を遂げてしまったのである。その名残のために黒の羽の下には真っ白な羽根が隠れている。だからカラスは白いのである。

さあ、あなたはこの説明に納得しただろうか。カラスが白いことを。

ところが、実は今説明したことは、すべて私が今ここで即興的につくったデマ話である。あなたは私の証明にうなずいただろうか。もしそうなら、私の勝ちである。「わー、ひっかかった、わはは」という世界である。

藤田田氏は、「カラスは白い」を証明しろといつも口にしていた。

つまり、カラスが白いという説明ができる弁舌があれば、モノは何でも売れるのだと豪語していたのである。

それによって、ダイヤモンドでも、布団でも、住宅でも、何でも販売することのできる一流のセールスマンにもなれるし、一流の社長にでもなれるのである。

このような話をレトリックと言い、これを操ることができれば他人の心をつかむことが可能となる。

「1プラス1は2」であるとか、「太陽は東から昇る」という当たり前の平凡なことを述べていては、誰1人として説得することはできない。だから「カラスは白い」を証明しなければいけないのだ。

いつの時代でも通用するビジネスを成功させる二大キーワード

このレトリックには殺し文句というのがある。

殺し文句とは、相手の心をひきつける巧みな言葉をいう。その言葉を口から出すことによって、相手がころりとこちらに味方してくれるようになるのである。だから、殺し文句が何であるのかも学んでおく必要がある。つまり、これらの根本となるのは、心理学であり、そんな学問を研究して自分の引き出しの中に情報を入れておくことは、将来、さわやかな強力な武器となるのである。

藤田田氏は、その殺し文句は2つあるという。

ひとつが「健康になる」という言葉。

もうひとつが「お金が儲かる」という言葉である。

例えば、「この布団を買えば、中にホンモノの羽毛が入っているので、さわやかに眠れて健康になる」と言う。「健康になってエネルギーが体にみなぎるので、お金がどんどん入ってくるようになって儲かります」と言うのである。

嘘はひとつも入っていない。軽やかな羽毛布団をかけて寝れば、それまでせんべい布団で重い布団では安眠できなかった男性が、ぐっすりと眠ることが可能となる。睡眠をしっかりとれば、「よし、今日もしっかり働いてやろう」となって、お金が入るようになってくる。

それを聞いた知人は、「わたしもその布団を買いたい」となって、どんどんと羽が生えていたように売れ始めるのである（もともと中身は羽毛だから、飛んでいくのも当たり前だが）。

この2大エッセンスを巧みに使っていくのだ。

「健康」と「金儲け」を弁舌さわやかに説くことによって相手は必ず近寄ってくる。「これを買えば健康になれる」「これを買えば金持ちになれる」。どうだろう、自分が買ったものに、これに当てはまるものがいくつあるだろうか。

実にこれらは、明日どうなるかわからない不安をついた言葉でもあるのだ。明日どうなるかまったくわからない。

例えば西暦2000年を迎えるときに、「ノストラダムスの大予言」というのがまことしやかに語られて、地球が滅亡すると信じられたことがあった。結局何も起こらなかったのだが、これなどはまさに不安を煽《あお》った商売だった。それに関連する商品は、本を含めてかなりのものが売れたのである。

「カラスは白い」というレトリックは効果てきめんだ。

これをしっかり学んでこれからのビジネスに生かすことができれば、大きな成功をつかむことができるのである。

人の心をつかむ弁舌の2大エッセンス

前提となるのは全人類に共通する根源的な不安

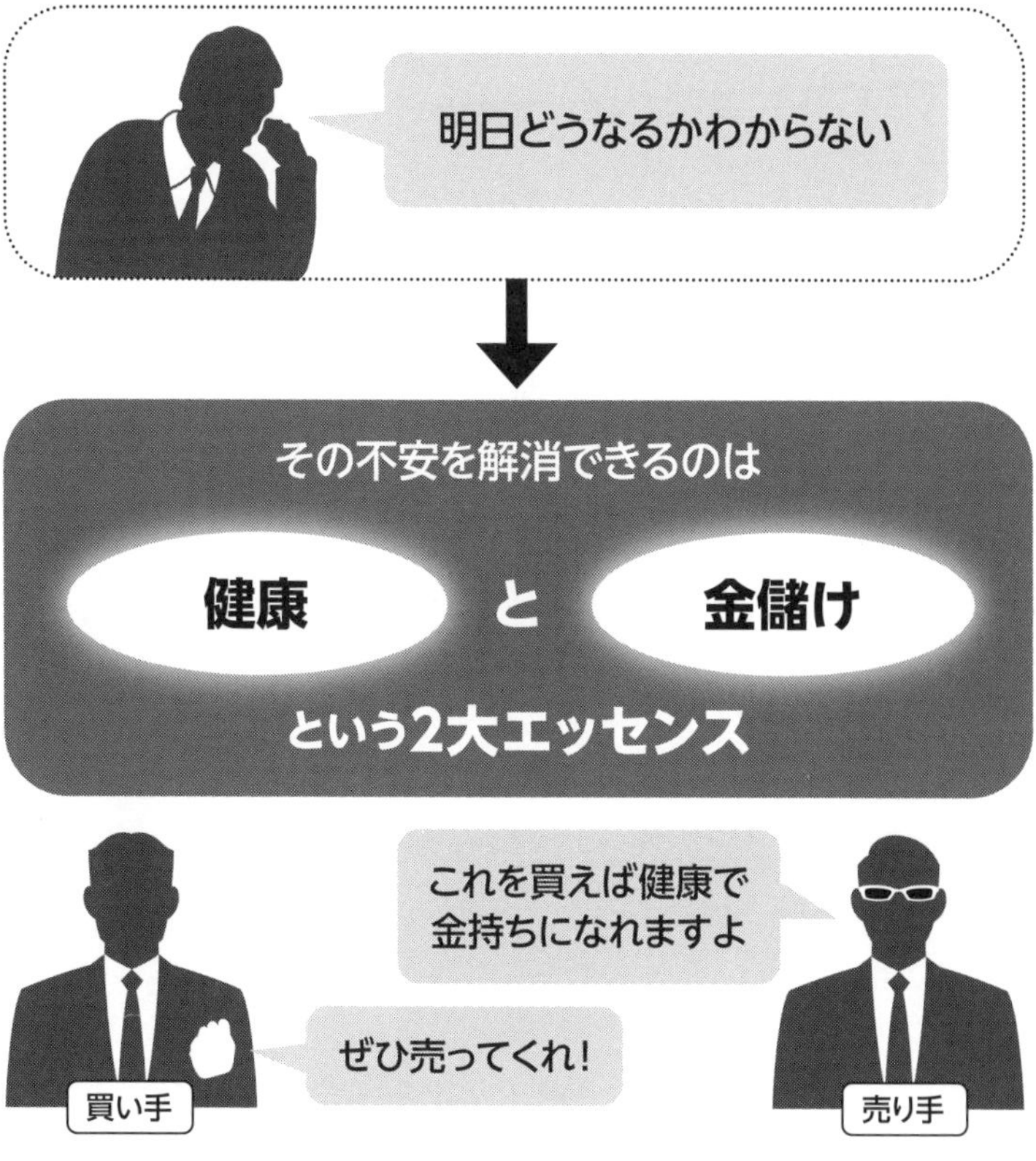
明日どうなるかわからない
その不安を解消できるのは
健康
と
金儲け
という2大エッセンス
これを買えば健康で
金持ちになれますよ
ぜひ売ってくれ！
買い手
売り手

**“「健康」と「金儲け」は
全人類共通のテーマである”**

法則 17

お金持ちに尋ねてみよ

マクドナルド時代、私は、大阪地区で店長の上位の役職であるスーパーバイザー（現オペレーションズ・コンサルタント）になったことがある。スーパーバイザーの仕事は、私の場合は5店舗を自分の管理店舗として保持し、店長以下店舗のマネージャーやクルーたちを束ねて、店舗のレベルを上昇させ、売上と利益を確保することであった。直属の部下は店長たちであり、その店長のレベルアップをさせることで、各店舗の全体レベルを上昇させなければならなかった。

ところが、それぞれの店長は100人100様で、全員が同じレベルではない。その凸凹のレベルを均一にして、全員を高い位置までに引き上げなければならなかった。どうするか。いろいろ知恵を絞って考えついたのが、次の方法である。

5人の店長をある店舗に集めて、そこから全5店舗を全日一緒に回っていく店舗視察をスタートしたのである。

売上のトップからビリの店がある。サービスに長《た》けた店舗がある。非常に清掃が行き届いた店がある。それぞれの店舗がさまざまである。それを6人で周回して、全員が同じ視点で評価して、視察後に各店舗でディスカッションする。そうやって全5店舗を終了した後、最後の店で自分たちの店舗がどのレベルにあるかを自己申告させたのである。そうすることによって、5人の店長はそれぞれの店のレベルがどこにあるのかを、スーパーバイザーがとやかく言わずとも自分で自然と理解したのである。この会合を通じて、少なくとも理念上では統一した目標レベルを共有することができた。

繁盛店では長蛇の列が連なる。何でそんなに売れているのか。ハンバーガーがおいしいから、ニコニコとしたクルーが数多くいるから。テーブルの上はいつもきれいに拭かれているから……など。

繁盛するには繁盛するだけの理由がある。それを知るには店舗に行って、見て、そこを体験してみると一目瞭然にわかるのである。そして、今度はそれを真似すればいいのだ。

お金持ちになりたければお金持ちに習えばいい

それを「お金持ち」という人で考えてみると、同じことが当てはまるのである。お金持ちは何でお金をたくさん持っているのか。この問いに回答を得るには、お金持ちをじっくりながめてみればいい。もしお金持ちで「遊びに来なさい」という人がいたら、そこに行って話を聞いてくればいい。近年、海外で成功を収めた人が、ボランティアで成功を語ってくれている。そんなところに行ってみると今は貧乏であっても、即その場でお金持ちを体験することができるのである。

もしそんな人がいなければ、お金持ちと言われる人が各地で講演会をやっている。そこに参加して話を聞いてくる。雑誌でも、本でもいい。お金持ちが書いた本は図書館や本屋には非常にたくさんあふれるくらいに山積みされている。

そんな情報に触れたら、後は簡単だ。それをお金持ちがやるように真似すればいいのだ。そうすることで、お金持ちへの第一歩を踏み出すことができるのである。

法則18 容器を大きくしろ

舞台にスポットライトが当たって、上手袖《かみてそで》から山高帽子をかぶったマジシャンが出てくる。観客に向かってうやうやしく礼をする。まず、舞台上の机に載せられた200ミリリットルのグラスの中に、ピッチャーに入ったオレンジジュースを注いでいく。どんどん注いでいくとグラスにはジュースが一杯になって、それでもどんどん注いでいくので、ジュースは容器の外にこぼれてしまう。すると今度は自分がかぶっていた帽子を右手で持って、その中にジュースを注いでいく。残りの半リットルほどあったジュースは、その帽子の中に全部注がれる。ピッチャーが空になったので机の上に戻され、マジシャンは帽子をえいやっとひっくり返す。中から紙吹雪がはらはらと落ちたかと思うと、左手の上にはかわいいウサギが乗っている。会場からはため息と大きな拍手が起こる。

これはマジックショーの一場面であるが、このグラスのように、普通は200ミリリットルのグラスに1リットルのジュースを入れてどんどんと注いでいくと、入り切れずに外にこぼれてしまう。実に人間もこのショーのグラスのように、容器を背中に背負っているのである。それはただ見えないだけの話なのである。

大きな器を背負うためにやるべきことは何か？

例えば、ある人がジャンボ宝くじを買ったとする。幸運にも前後賞を併せて10億円が当たったとしよう。すごいラッキーだ。周囲からはその幸運を大変うらやましがられる。ところが、当たった当人に10億円を入れる見えない容器が100万円分しかないとする。すると、このショーのジュースのように残りの9億9900万円は、どんどんと容器からあふれ落ちて垂れ流しになり、知らない間になくなってしまうのである。宝くじに当たった人を追跡調査すると、ほとんどの当選者は5年以内に賞金をすべて失ってしまい、元の黙阿弥になっている。以前の無一文の生活に戻っているのである。それはひとえに、その人が100万円や数百万円のグラスを背中に背負っていたからに他ならない。10億円を保持するには、最低でも11億円を入れるグラスを所持していないとダメだということが、これでわかるのである。

この例で考えると藤田田氏は、最初100億円の容器を保持していた。そして次いで500億円、1000億円と容器をどんどんと大きくしていった。その後は2000億、3000億円となって、最終は4400億円近くまで次々と売上を伸ばしていったのである。それだけの大きな容器を持っていたということがこれで証明されるのである。

もしあなたが、最初にサラリーマンとしてどこかの会社に就職するとしたら、その社長の器をしっかり見るべきである。その社長のグラスがちっぽけなものであれば、その会社の成長はその容器以上にはならないと見るべきである。トップを見ることも必要になるのである。

また、自分を振り返ってみて、もし自分の容器がちっぽけなものであれば、最低10億円くらいは入れられる容器を背負うことを考えた方がいい。それだけの大きさがあって、やっとお金持ちの仲間になるのだと。絶えず器を大きくするために自分を磨くことにエネルギーを割いて、自分が大きく成長することを怠ってはならないのだ。

法則19

お金持ち宣言をせよ

急にマクドナルドのビッグマックが食べたくなった。そこで会社近くのマクドナルドに行って、ランチをすることにしたのである。ところが、カウンターで出た言葉はフィレオフィッシュだったとする。最初に食べようと考えていたのはビッグマックである。しかし、口から出た言葉はフィレオフィッシュであった。さて、自分の注文として出てくるメニューはいったい何であろうか。いわずもがな、もちろん、フィレオフィッシュである。

この例でわかるように、いかに心の中でひとつのことを考えていても、実際に違うことを言ったりやったりすれば、行動したことがその結果となる。きわめてシンプルだ。しかし、こんな簡単なことを理解していない人が、この世の中にはたくさんいる。

ある男子従業員員がいた。彼は頻繁に遅刻をする人間であった。その理由を尋ねてみると、真夜中までゲームをしていたために就寝するのが遅くなって、朝に起きることができずに遅刻するということだった。そこでゲームは週末だけにして、平日は明日に備えて眠ることにすることをお互いに話し合って決めたのである。しかし、その後もときどき遅刻をするのが常習だった。そこで再度理由を尋ねてみると、平日は眠ると決めたのだが、実際にはゲームをやっていたという。まさに、言うこととやることが違うと、このような結果を招いてしまう卑近《ひきん》な例だ。

もし、あなたがお金持ちになりたいと思っていたとする。しかし、実際にやっていることは貧乏人がやっていることだとしたら、あなたはお金持ちになることができるだろうか。答えは簡単である。否であることは誰の目にも歴然としている。

いつでも誰でもお金持ちになる自由がある

江戸時代には士農工商という身分制度があって、農民に生まれたらそれ以外の身分になることは、ほぼ不可能な時代であった。しかし、現代はどうだろう。そのような制度はない。実にお金持ちになりたいと思えば、お金持ちになれる。また反対に、段ボールを自分の寝床にするホームレスという貧乏人になりたければ、そのように生きることもできる。きわめて自由な世の中なのである。

藤田田氏は、自分では学生時代は裕福ではなかったと吐露《とろ》している。だから大学生のときに、当時の進駐軍の通訳のアルバイトをやってお金を貯めながら学業をしたという。そのときに出会ったユダヤ人の軍人にお金の稼ぎ方を教わって、ビジネスにのめり込んでいった。つまり、本人はお金持ちになるということを、あるとき宣言したのである。それがスタートとなって、最終的には日本のアントレプレナーとなり、全世界に「デン・フジタ」の名前を轟かせるところにまで到達したのである。

だから、あなたがもしお金持ちになりたいと、こころから願っているのなら、今から「オレっていつも金がないんだよね」という口ぐせをやめて、とにかく「お金持ちになる！」と言うことである。口に出したことが現実になるのだから、まずお金持ち宣言をする。その後、お金持ちの行動を真似て自ら実践していくことが求められているのである。現代はいつでも誰でもお金持ちになる自由があるのだから。

法則 20

お金持ちの友人をつくれ

２０００年初頭に、私の米国人女性の友人アビーがシドニーの私の家に遊びにきた。彼女は米国の乗馬クラブに所属していて、オーストラリア・シドニー北部で行われる乗馬大会に参加するためにやってきた。来豪後、電車のチケットを手配したり、彼女を駅まで送ったりした。1週間ほどの乗馬キャンプが終了して戻ってきた彼女は、キラキラと顔を輝かせて楽しかったキャンプの様子を話してくれた。遊びもスケールが違う。

その後２００５年に、私は世界一周旅行に出かけたので、今度は私がサンフランシスコを経由して、彼女が住んでいるニューメキシコ州を訪れたのである。米国西海岸カリフォルニア州の東にあるのがアリゾナ州で、その横に連なるのがニューメキシコ州である。州都アルバカーキまで飛行機で、そこから3時間ほど車に揺られて彼女の家を訪れたのである。

３０００坪の敷地には、大きな住宅と、馬が3頭、ヤギが2頭、猫が2匹いて、馬2頭が載せられるトレーラー、それを引っ張るための大型トラック、生活のために使用する乗用車を持っている。広大な草原を手入れするために人が乗ることのできる芝刈り機、キャンプができるキャンピングカーなども所有しているのである。こんな広いところにたった1人で暮している。職業は、彼女が住んでいる市でオーディオロジスト（聴覚訓練士）という資格を持ってクリニックを経営している。はっきり言ってお金持ちである。だから彼女は数多くのお金持ちと交友関係を持って生活を楽しんでいるのだ。

もっとスケールの大きい米国でのお金持ちでは、テキサスに行ったときに出会ったジョージがいる。招待されて家を訪問することになった。敷地の端から時速１２０キロの猛スピードで走っていって、30分のところに住宅があった。そこが敷地の真ん中だという。だから東西南北それぞれ１２０キロ四方が彼の所有地ということになる。そこに原油をくみ出す油井《ゆせい》が十数機あって、石油会社に原油を販売しているという。どれだけのお金が入ってくるかわからない大金持ちであった。やはりスケールが違う。

お金持ち同士しかわからない話もお金持ちと友人になって手に入れる

アビーは職業柄、医師と交友を持っている。米国では医師はお金持ちで、お金持ちはお金持ちでコミュニケーションが取れる。すると、お金持ちしか知らない情報のやりとりができる。だから、そんな情報をもとにビジネスを展開すると成功に至ることができる。

ジョージの場合は原油を採掘しているので、景気に大きく左右される。また、世界情勢とも無縁ではない。だからジョージから情報をもらうと、世界がどのように動いているのかが、手に取るようにわかるのである。このように、お金持ちの持っている情報はお金を儲けるためには貴重な情報源となるのである。

藤田田氏にはユダヤ人の友人が非常に多い。ご存知の通り、ユダヤ人は世界中に散らばっていて、金融界はもとより、科学分野、芸能界に至るまで支配をしている民族でもある。そんな広範囲なネットワークを通じて幾多の情報を手に入れることができたのである。特に為替関連の情報はいち早く自分の手に入れて、ビジネスの支払いに関連する円とドルの為替の取引に生かしていた。これもお金持ち同士の情報交換のなせる業である。

これらを考えてみると、結局、お金持ちはお金持ち同士で情報をやりとりすることで、お互いに学び合っているのである。

つまり、お金持ちはお金持ちを育てているということになる。だからお金持ちになるためには、やはりお金持ちを友人に持たなければならないことがここで理解できる。

法則21 数字を友人とせよ

藤田田氏は、海外の至るところに外国の友人を数多く持っていた。海外で宿泊しなければならないときには、ホテルではなく気の置ける友人宅に泊めてもらうことも多々あった。そんなときには、下着などの洗濯物は奥さんから必ず出すように言われて、朝になるときちんとたたんで部屋に持ってきてくれたそうだ。まるで家族同然の付き合いをいろいろなところで体験した。

そんな中、子どもたちは日本でいうところの九九をしっかり暗記していることを友人から教えられた。それだけではない。11から20までの掛け算もしっかり記憶していたという。例えば12×18が216になるというのを、日本で即座にできる人はそんなにはいない。

これを知っていれば12か月間、18億円を毎月貯蓄したとしたら216億円になるという計算数値がすぐに出てくる。

お金持ちになるということは、必要な金額を確認して、何らかの計算をするという作業が必ず出てくる。だからお金持ちである基本は、必ず数字に明るくなくてはならないということだ。

九九を暗記するためには、時間をかけてじっくり覚えていき、ひとつひとつを頭に叩きこまねばならない。しかし、11から20までの掛け算を簡単に計算する方法もあるだ。

その方法を披露してみよう。

①12×18＝？　という問題があったとしよう。最初にやるのは、
②（12＋8）×10＝200

問題の頭にある12に、掛ける数18の1の位を足してやる。12＋8＝20となる。その後、それを10倍するのである。すると20×10＝200となる。

次に、掛ける各々の数字の1の位同士を掛けてやる。16である。

③　２×８＝16

④　先に計算した②の２００と③の16を足すと、２１６となる。これが答えである。簡単だ。

20までの数なら他の数でも同様に計算してやると、容易に掛け算ができるのである。慣れてくると、数字を見ながら数秒で解答が出せるようになる。

このようにして11×11から20×20までを一覧表にして暗記すると、今度は計算することなく、九九のように口から答が出てくるようになる。

数字の強さがお金を増やしていく

お金持ちになるということはどういうことか。

手持ちのお金を増やすことだと単純に考えてみる。つまり、お金を増やすということは、目の前にある数字をどんどん大きくすることだと考えればいい。いくらお金持ちになりたいと思っていても、その基本である数字を好きになっていないと、実は本当のお金持ちにはなれないのだ。

藤田田氏は、かなり数値に強かった。こと数字に関しては、動物的勘に近いものを持っていた。決定時には数字を見ながら、即座に判断を下していた。

現代においてはお金を銀行に預けていても、その利子など見るに堪えないほど少額だ。たんすに現金を隠しておく、いわゆる「たんす預金」とまったく変わらない。となると、銀行以外のもっとお金の増えるところを探して、そこに入れない限り、お金は増えてはいかない。その点で、数字としてお金を見るようにすると、今の銀行の普通預金などいかに効率が悪いかは一目瞭然《りょうぜん》だ。

だから数字を友人にして、友人からしっかり教えてもらうようにする。それが一番頭のいいやり方なのだ。

法則22

お金の喜ぶパーティを開け

藤田田氏はパーティを開くのが大好きだった。私が入社したのはマクドナルドが開業してたった3年目であったから、まだまだ従業員の人数も少なかった。当時は、藤田田氏を囲む会といった雰囲気で、誕生会が毎月昼間に開催されていた。私の第1回目の誕生日会は、本社がある新宿のビルの特別室に誕生月の全員十数名が集められて、昼食会が開催された。食事をしながら藤田田氏は持ち前のトーク力で出席者を魅了する。藤田田氏が自分の目の前にいて話を聴けるので、その迫力は半端ではない。大学を出たばかりの人間にとっては、彼が体験してきたことを耳にするだけでも大いにやる気になったものであった。

2年目は京都下鴨神社が会場で、十二単《じゅうにひとえ》の着つけのパフォーマンスなどが行われて、古《いにしえ》のひとときを過ごすという催しが行われた。その後ランチを食べて優雅に過ごす。

日本の古来の文化に触れる貴重な1日を藤田田氏がセッティングをしてくれたのである。持論は、「日本人は日本文化をしっかり理解していなければならない」であった。これらの誕生会は出張扱いで、食事や催しを楽しんで、しかも出張旅費が出るという至れり尽くせりの配慮である。

パーティで一大イベントとなったのは、なんといっても1000億円達成のときであった。その年に1000億が達成されるということがほぼ固まった頃、都内の超有名なホテルの宴会場を借り切って、店長以上の従業員全員をそこに集めたのである。結婚している社員には奥さん同伴で、しかもベビーシッター付きの配慮である。招待客は従業員に留まらず、サプライヤーや銀行などの関係各社も参加することになった。その数3000人以上である。パーティ終了の後はそのままホテルの一室に宿泊するという心遣い。

一口に3000人と言っても、その数は半端ではない。大宴会場が人、人、人で立錐の余地もない有様。そこに集まった人たちはすべて関係者。出席者それぞれが持つエネルギーが、その会場にほとばしって一種異様な雰囲気に包まれてしまうのである。開始時間になったとたんに会場は暗転して真っ暗闇となる。そこに一条のスポットライトが照らされて、ボスである藤田田氏が壇上に向けて歩いてくる。そしてライトが姿を追っていく。

外食産業の初の売上1000億円達成が、そこに参加した全員で成し遂げたと藤田田氏から高らかに告げられる。参加者はもう震えがとまらない状態になるのである。3000人が集合して、各人が出す体温だけでもどれだけの熱になるだろうか。しかもそれを自分たちが達成したのだという高揚感。参加者全員は藤田田氏の洗脳手法にまんまとはまってしまっていたのである。

お金の方から集まってくるパーティの特長

このような都内超高級のホテルに宿泊したのは初めてという従業員たちは、1人や2人ではないだろう。とにかく生まれて初めての巨大パーティの楽しさに酔いしれて、夜のとばりが下ろされていく。

これらは人間のパーティである。

しかし、お金のパーティもまったく同様なのである。お金は実は大変さみしがり屋である。だから、毎日誰かと一緒になってワイワイとやっていたいのである。パーティに参加すれば非常に楽しい。そんな雰囲気が大変好きなのである。それを十分理解してやらなければならない。そのために、パーティを開くことのできる多く友人、つまりお金をたくさん集めてやらなければならない。

あるいは、楽しさを求めて旅に出してやるのだ。つまり、投資してやるということである。すると旅先でいろいろな人と知り合いになって、その友人たちを連れて戻ってきてくれる。

3000人も集まるパーティなら私も参加したいとやってくる人たちのように、お金も同じで、そんな楽しそうなパーティなら参加したいと必ずやってくる。それがお金を集めることなのだ。だからお金持ちにはどんどんとお金が入ってきて、ますますお金持ちになっていく。これがパーティのヒミツだ。

法則23

先に出すことを考えよ

私は毎朝ベッドから起きると、必ず逆立ちをする。およそ5分間程度であるが、3点倒立というヨガのポーズである。もう30年以上もやっているので、これをやらないと朝の目覚めがよくないのである。1日も欠かしたことがない。そのあと、ヨガの体位を継続して約30分間身体を動かす。ヨガでは呼吸法がきわめて大事である。

基本は呼吸の吐く方を先にする。軽く口を開けて「アー」と言いながら、口から全身の息を吐ききるのである。もうこれ以上出すことができないというところまで出すと、今度は何もしなくても、自然に息を吸うことができる。口をつぐんで、今度は「ウン」と言いながら鼻から吸っていく。これも呼気と同様に、もうこれ以上吸い込むことができないところまで息を吸いきる。実際、人間は普通これほど深い呼吸をしていないので、酸素が体の隅々に行き届かないし、体の中の炭酸ガスも吐き切ってはいない。

これを意識するだけも健康になると言われている。呼吸は人間にとってはきわめて大切なのだ。

ちなみに、神社やお寺で狛犬《こまいぬ》とかキツネなどが境内に座っているが、必ず1頭は口を開けており、もう一方は口を閉じている。息の出し入れを示しているのである。1頭が口を開けて「始まり」を、もう片方が口を閉じて「最終」を表現している。金剛力士像なども同様である。また「あうんの呼吸」などという言葉もあり、人間生活では呼吸は大切なのである。この言葉の意味は、一対のものが息を合わせている様子から、何かをやるとき息がぴったり合うということである。

藤田田氏は、ハンバーガーのビジネスで、お金をいわば無尽蔵に集めることに成功した。呼吸に喩えれば、どんどんと息を吸い続けているようなものである。

ところが息は永遠に吸い続けることはできない。どこかで吐かなければならない。そこでどうしたか。吐き出すことを実践したのである。ここが藤田田氏の常人ではないところである。

集めたお金をどう使うか
それがやがて自分に還元される

ハンバーガービジネスは外食産業である。そこで吸い込んだお金を飲食とはまったく無縁な文化事業に吐き出すことを実践したのである。最初にやったのはミュージカルであった。

1983年に和製ミュージカルである「あしながおじさん」をリリースした。当時は、ハンバーガーのマクドナルドがミュージカルを実施する。そんな触れ込みで大きな話題をさらったものである。ところがそれに飽き足らず、第2回目は3年後の1986年に大々的に大きなプロジェクトを立ち上げた。それがブロードウェイミュージカルであった。

当時、本場ブロードウェイでは大人気であった「42ND STREET（フォーティセカンド　ストリート）」を、セットを始めとしてディレクターから劇団員、楽団まで、すべてをニューヨークから一切合切持ち込んだのである。米国本場のサクセス・ストーリー（成功物語）のミュージカルである。これは以前に比べてスケールの点でも比較にならないくらい格段に大規模なものであったので、世界的にも話題になったのは言うまでもない。すべてのチケットは完売して大成功を収めたのである。

これに飽き足らず、今度はコンサートを企画する。といっても、そんじょそこらにあるような会場ではない。1988年には唐招提寺において、また翌年1989年には出雲大社において、クラッシックコンサートを開催するのである。これらも、ハンバーガー会社が音楽分野に乗り出したということで世間を大いににぎわせたものである。

これらの文化事業というのは、単発的なものである。そこで藤田田氏が考えたのが、絶えず息を吐き続けることができる事業であった。

それが、ドナルド・マクドナルド・ハウスである。もともとのスタートは米国マクドナルドの慈善事業であるが、手術を受ける子供たちを介護する親族のための宿泊所として、安価で泊まることのできる施設を病院の近くに建設したことに端を発する。それを1999年にスタートさせたのである。(財)ドナルド・マクドナルド・ハウス・チャリティーズジャパン・デン・フジタ財団を設立したのである。日本でも米国同様に病院近くに建設がなされ、ドナルド・マクドナルドハウスとして数々の人びとに利用がなされて、大いに感謝されている実績がある。

このように藤田田氏は、いつもどのようにお金を吐き出すかを絶えず考え続けていた。

お金持ちはお金をかき集めることだけを考えるのではなく、どうやって有益に使っていくかを考え続けている。それが結果として、回りまわって自分のところに還元されるようになっている。それを熟知しているから慈善事業を実践するのだ。

だからまずは息を吐いていくことから始めるのがいい。

法則 24

水回りをきれいにせよ

ある大金持ちが行った調査がある。それは、自分の部下に命令して、世界中のお金持ちの実態を調べることであった。いろいろな国のお金持ちの家を訪問して、何か共通項がないかを調査するというプロジェクトであったのだ。

やってみた結果、どの国に行ってもお金持ちがやっているいくつかの事象を発見した、という報告が上がってきた。それらは次の通りであった。

①家の中がシンプルで、必要なもの以外はなく、ごちゃごちゃと飾り立てていなかった。

②便器のフタが必ず閉められていて、きれいに掃除してあった。

③風呂場や洗面台もよく手入れがなされていて、鏡に水滴跡などが付着していなか

った。

④台所のシンクとその回りも美しく、食べた後の食器類がシンクの中になかった。

これら4点が共通点だというのである。①以外はみんな水に関連するところである。

①については、私もいろいろなお金持ちの家を訪問する機会が多々あったが、やはり部屋の中が簡素ですっきりとまとまっているのである。

②に関しては、ある有名ホテルのマネージャーが告白していたのだが、アラブの王様一行が去った後のトイレはやはりフタが閉められていて、便器の中も美しく清掃してあったという。それは召使いがやっているのと思っていたが、使った本人たちが清掃をしていたというのである。アラブの王様なら大金持ちであるが、自分の使ったトイレは美しく使用する習慣が身についているものと推察できた。

③については、鏡は自分の姿を写すものである。それが汚れているならホントの姿を正確に写しているとは言えない。だから、自分の姿を写す鏡はきれいでなければならない。

④に関しては、台所のシンクはとかく汚れがちになる。後から一緒に洗えばいいや、

と食器が山盛りになっていることも少なくない。しかし、この習慣がよくない。犯罪に巻き込まれた住宅の台所は、どこの家もシンクがめちゃくちゃに汚れ放題になっているのだという。それを証明するかのように、最近日本人の詐欺グループがタイで警察につかまった例がある。ちょうどその場面が撮影されてテレビで放映されていたのを見る機会があった。まさにシンクに食べた後の食器が散乱しており、汚れ放題だった。シンクはすぐに片付け、洗ってきれいにすべきだ。そうでないと「辛苦」になる。

お金持ちはきれい好き お金もきれいなところが好き

マクドナルドのポリシーにQSC&Vというのがある。品質・サービス・清潔さと価値、というものだ。とりわけ清潔さにはかなり注意が払われている。

私が最初にマクドナルドを開始した大阪の店舗では、その清潔さを徹底的に叩き込まれた。鏡やガラスは石鹸水で流してスクィージーできれいにしておく。しんちゅう製の足掛けや取っ手があると、しんちゅう磨きクリームで徹底的に磨きあげて、まるで黄金のようにピカピカに輝かせておく。そんなトレーニングをされたから、今からでもプロの清掃業者の従業員にでも雇ってもらえるくらいである。

１９７０年代のマクドナルドのトイレには、トイレチェック表が貼ってあった。半時間ごとにクルーがトイレの内部をチェックして、そこにサインをすることになっていた。そんな清掃管理表があったのは日本の飲食業界でも唯一マクドナルドだけの専売特許のようなものであった。今ではそんなに珍しくもないやり方なのだが、70年代、80年代にはまだどこもやっていなかった。それがマクドナルドの誇りでもあった。

また、藤田田氏も店舗を視察するとき、店舗内外の清潔さにはかなり気に留めていた。店舗に問題があるとすぐに運営部長に改善とその報告を求めていたのである。当然、たちどころに補修や修繕がなされて元通りの清潔さが保たれた。

実にお金はきれいなところが大好きなのである。全国のマクドナルドがこの清潔さを保っている限り、お金はどんどんと立ち寄ってくれることになる。もしあなたが、ホントにお金がほしいなら、まずは自分の使ったトイレから清潔にしていくべきである。それを徐々に水回りにも波及していき、身の回りをきれいにしているとお金が寄り付くようになる。

●お金持ちの家の4つの共通点

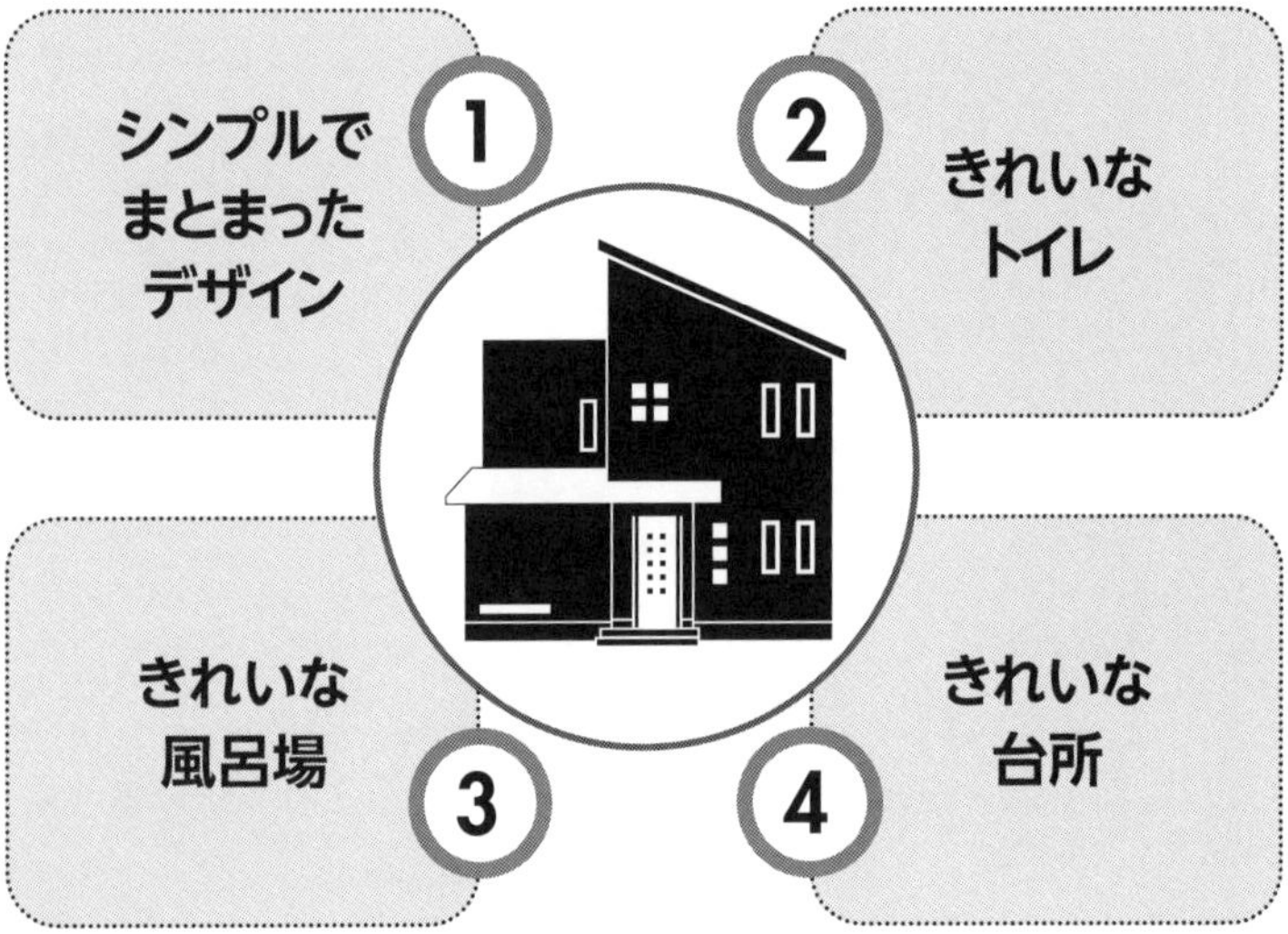

●マクドナルドのポリシー

Quality	Service	Cleanliness	&	Value
品質	サービス	清潔さ		価値

“清潔さがお金を呼び寄せる”

法則25

日本一の給与を払え

私が日本マクドナルドに入社したのは創業後たった3年目の黎明期《れいめいき》であった。しかも、まったく新しい企業だったので、会社の規則などもどうなっていたのか記憶にないほど混沌《こんとん》とした時代であった。それより自分たちが時代の先端を行くハンバーガーの製造と、販売に右往左往するのが精いっぱいであった。最初に配布された就業規則も薄っぺらなもので、基本的なことしか書かれていなかった。そのうち数年経過した後に、もうちょっと分厚いものに改められた。手持ちの古いものが回収されて新規の文書が手渡された。

その就業規則を開いてみると、第1条がきわめて特異であることをすぐに察知したのである。そこにはこうあった。

「我が社は、従業員に我が国最高の給与を支払うことを企業の目的とする」

これを見たとき、将来私は日本最高の給与を支払う会社に働く従業員になるのだ、と感じたのを覚えている。読んだときにはまだまだ第1条に書かれたものに程遠い月給しかもらってはいなかったものの、将来もしかしたらそうなるかもしれない、という期待がかすかに芽生えた。

藤田田氏は、この第1条についてこのように話してくれた。

「労働基準監督署にこれを持っていったら、こんな就業規則は初めてだと言われた。こんな規則は今までどこの会社にもないものだから、もう一度つくり直して持って来いと言うんや。だから、言ってやったんや。日本で一番の給与を支払うことが何で悪いんですか。従業員の一番の働き甲斐は給料です。それを払うと言って規則に載せるのことが悪いという理由がわかりません。そこでいろいろ押し問答があったけど、結局、最後にこっちのゴリ押しで認めさせてやったんや。ワハハ……」

担当者はこんな押しの強い社長にドギマギしたのは間違いないだろう。また、藤田氏の意見を覆すだけの論理的な反論を展開できなかったのは明らかだ。また次のように言う。

「世の中には従業員の上前をはねてこき使う社長があちこちにいる。でもそんなことやってたら、後で社員はかみつくだけや。日本一の給料を払ったらええねん」

社員も家族もやる気にさせるボーナスの払い方

日本マクドナルドが破竹の勢いで日本国中を制覇していったとき、利益がかなり出て、3月に決算ボーナスを出すということになった。そのとき、藤田田氏は、そのボーナスは奥さんのある従業員には必ず妻名義の口座に振り込ませることにしたのである。喜んだのはボーナスをもらうことになった奥さんであることは言うまでもない。

当時の税制の上限で60万円までの金額が臨時収入になったのである。男性従業員だけではない。その奥さんまでもやる気にさせて、旦那の尻を叩いて送り出す女性の味方が何千人もいれば、これは一騎当千の価値がある。

ある年、夏のボーナスが3・5か月、冬のボーナスが3・5か月、そしてこの奥様ボーナスが3か月出たことがあった。合計10か月の賞与である。通常の給与が12か月だから、合計で22か月分の年収になったことがある。ほぼ2年分の給与が従業員に支払われるところまでいったのである。

私は、就業規則第1条が実現されたと跳び上がって喜んだ。

このように藤田田氏は、人間が何をもって動くのかをしっかり把握していた。これだけの給与をもらったら、そこにいる従業員は無心に働かざるを得ない。加えて、家庭では亭主にムチをふるってくれる女性騎手がいるのだから、鬼に金棒なのである。

従業員に最高の給与を与えることをためらってはいけない。そう標榜するだけで、有能な従業員が集まり、ビジネスにまい進し、企業はますます栄えていくようになる。それで会社、従業員、株主がウィン・ウィン・ウィンの関係になるのだから。

もっとお金持ちになりたかったら、部下や従業員にトップの給与を払うとよい。その結果は結局、回りまわって自分に返ってくるようになってくるからだ。

法則26

お金は方程式にあてはめろ

あなたはお金の有効的な使い方を真剣に考えたことがあるだろうか。実はお金には方程式があるのだ。その方程式にあてはめてみると、自分が今使おうとしているお金が有益に使われようとしているか否かが、たちどころにわかるようになっている。その方程式とは次のものである。

①自分にとっていい。
②他人にとっていい。
③歴史的に見ていい。

この3点がすべて＝イコール（同じ）になるのが正解というものである。

わかりやすくするために簡単な例を出してみよう。タバコを買うかどうかを考えてみる。買う人は喫煙者とする。

①自分がタバコ好きなので、この人にとっては、タバコは自分にとっていいとなる。しかし、タバコを吸うことで病気になる可能性は高くなるので、肺ガンなどにかかってしまえば、タバコは自分にとってはよくないということになる。また、お金の面で見ると、何も残らないもののためにこの商品を買うので、あまりいいとは言えない。

②他人にとってはどうだろう。まずはタバコを製造販売する会社にとっては、これでセールスが取れるのでいいということになる。しかし、喫煙という点で見ると、タバコを嫌う人にとってはイヤなものである。また、受動喫煙という望んでもいないことに付き合わされるので、いいとは言いがたい。タバコの寝床での喫煙やポイ捨てで火事になることを考えると、いいことではない。吸い殻が道路に捨てられることは勧められることではない。だからいいとは言えない。

③最後に喫煙という行為を歴史的に見たときにいいのかどうかを判断してみる。すると、病気の発症率にタバコが影響を与えているとされているので、この点ではい

いとは言えない。私の親友はタバコで脳梗塞になって、危うく死にかけた。病気になれば医療費等が大いに使われたり、保険料そのものが上昇していったりということがあるので、やっぱりいいとは言えない。

方程式に合わないものは購入を控えよう

この①、②、③のすべてがいいということになったときに、タバコはいいとなり、お金を出してタバコを買うのはいいということになる。ところがここでは、①自分にはいいことと悪いことの両方があり、②の他人についてもいい悪いが共存している。③歴史的な観点では、悪いとなっている。つまり、これらの3点がすべていいとはなっていない。

だから、タバコを買うのはいいとは言えないということになる。できれば買わない方がいいということになる。

この方程式にあてはめると、タバコを買うなら、そのお金を貯めて別なものを買うことに充てた方がいい。例えば、1日1箱吸う人は、計算を簡単にするためにタバコ

1箱500円とすると、1年は365日だから、掛けてやると18万2500円にも積もり積もるのである。18万円もあれば、ちょっとした投資ができる金額である。

また、18万円が自分の手元にあったら、あなたならいったい何に使うだろうか。安い給料の人なら1か月分の所得にもなる金額だ。このように考えてみると、使う前にこの方程式にあてはめてみると、購入するものがいいのか悪いのかが、たちどころにわかるのである。

お金を使うときの方程式

何かを購入するとき、

① 自分にとっていい

＝

② 他人にとっていい

＝

③ 歴史的に見ていい

①〜③のすべてが満たされていれば、
お金を使う価値があると判断できる

例：タバコを買う場合

- ①自分にとって ……… メリット　タバコが好き
  　デメリット　体に悪い
- ②他人にとって ……… メリット　タバコ製造業の売上につながる
  　デメリット　受動喫煙のおそれがある
- ③歴史的に見て ……… デメリット　病気の発症率が上がるというデータがある

→ 総合的に見るとデメリットのほうが大きい

**“お金を使うときは複数の視点から
メリットとデメリットを考える必要がある”**

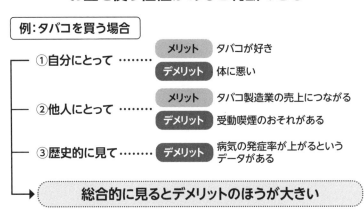

法則27

お金は数字の羅列と看過せよ

証券会社の支店に行く。中に入るとロビーには数字を表示した電光掲示板があって、その数字が刻々と変化している。中には円とドルの為替レートが表示してあるところもある。ここで見えるのは数字ばかりなのだが、これらの数字はご存じの通り、各社のその時間における株価である。だから、これらの数値はいわばお金そのものなので
ある。

そこで表示される株価1000円とか2000円とかの数字は、すべてお金を示している。株式を購入すると、以前は株券が株主に配布されたが、現代では取引されて、株価が決定したときの数字が株主に知らされるだけだ。1株1000円の株を100株所有していると、10万円が手元にあるのと等しい。株券を売ったときに、最終的に10万円が手元に入ってくる。しかし、そのお金とて現金を要求しなければ、自分の銀

行口座振り込みになるので、お金の数字が右から左へと移動するだけなのだ。もう取引にお金そのものは必要ない。

私は今シドニーに居住しているが、現金を使用することはほとんどない。自分の普通預金口座に現金が入っていて、それが数字で自分のコンピューター画面上に示されている。近所のスーパーマーケットでバナナを買って支払いをする。そのときにはデビットカード（現金即時引き落としカード）を店舗のカードリーダーにかざすと、「ピッ」という音が鳴って、自分の口座のお金がその店の口座に移動するだけだ。家に戻って画面を確認すると、確かにバナナの金額が差し引かれた残高が口座に記入されている。今や現金など持ち歩く必要はまったくない時代になった。自分の持っている数字が果物に変化するだけなのだ。

これらの取引をフィンテックと言う。フィンとはフィナンシャル、つまり金融ということで、テックとはテクノロジーの短縮語である。この２語が掛け合わさって米国発でできた造語だ。情報技術を駆使した金融サービスを指してこう言う。

２０２０年の地球上で、このフィンテックが発達したところがある。それが中国とアフリカなのである。これらの国では所有者のスマホの中にＱＲコードが入っている。

各商店にはコードリーダーがあって、スマホから数字を、つまりお金を吸い出して、商店に移動するという取引が行われている。だから、銀行もいらないし、ATMでお金を出してくる必要性がないのだ。いわゆる発展途上国の方が、フィンテックで金融が日本より進んでいるところもある。

お金＝紙幣は時代遅れ お金はただの数字でしかない

こういった金融の進展を予言していたのが藤田田氏であった。

まだクレジットカードもあまり普及していない1970年代の初頭から、フィンテックという言葉ではなかったが、このような時代がいずれ来て、「万能カード」で決済ができる、といつも口にしていた。よくよく考えてみると、藤田田氏の言う「万能カード」とは今日の「スマホ」のことである。今やこれでなんでもできる時代となった。

このように、かなりの先見性を示していた。だから現金を含め、それ以外の入金方法をいつも模索していたのである。

その一番手がギフトカードであった。大手百貨店ではずっと昔から自社内各店舗で使用できるギフトカードはあったものの、飲食業界でこの金券を出したのはマクドナルドが初めてであった。

「このカードを販売すれば、すぐさま売上にはならないが、かなりの金額の預かり金が社内に入ってくるので有効なのだ」

と藤田田氏はいつも言っていた。

その次に手を出したのが、プリペイドカードの「マックカード」であった。

１９７０年代、80年代当時は、まだ携帯電話も発達しておらず、もっぱら駅などにある公衆電話がその通信手段の主流を占めていた。それを利用するのにテレフォンカードが頻繁に使われていた。そのやり方をコピーしたものである。顧客が各店舗内でお金を出して「マックカード」を購入する。その後、それを持参して商品代金の支払いをする。その時点でカードの中にある金額が差し引かれて売上になった。カード内に残金があるとおつりが現金で支払われた。こうやってキャッシュレスがスタートした。

その後はＥｄｙ、ＷＡＯＮ、ｎａｎａｋｏ、ｉＤや、スイカなどのような交通系電子マネーなども店舗で利用できるようにしたのである。まさに拾えるところからはどこからでも入金を可能にし、売上を上昇させたのである。今日では２０１７年にやっとクレジットカードの使用がマクドナルドでも可能になった。これでほぼどんな支払いにも対応できるようになった。スタート時点から見ると、隔世の感がある。

この流れを見ると、藤田田氏の考えはお金とは紙幣や硬貨だけではないことをしっかりと頭に刻み込んでいる。

お金イコール紙幣と考えている人物は、もう時代に取り残されている。お金は実は、数字の羅列でしかない。数字だから、加算していくとその数字は増え続けてどんどんと大きくなっていく。その大きさをどこまでにするのかを目標とする。すると数字は積み上がって、大きな金額として達成されていくようになっているのである。

法則 28

「お金ノート」をつくれ

これでお金とは数字であるということがわかった。

では、どうやってそれを増やすかが課題となる。その具体的な案がなければ、お金が数字であることがわかっても何の役にも立たない。この点をもうちょっと深読みしてみよう。

まず答えから先にいうと、まずは当人であるお金に尋ねてみるということである。といっても、お金には口もないし手もないから、話もしてくれないし、メモをくれるわけでもない。

どうするか。やはりお金を持っている人間がお金に成り代わって、考え方を理解してやるしか方法がないのである。

ではどうやって援助するか。非常に簡単である。まず、「お金ノート」なるものをつくればいいのだ。それはお金に関する雑記帳である。お金に代わって情報を収集して記録していくのだ。

普段生活している中で、ことお金に関することが出てきたら、すぐさまそれをメモして、そのノートに記入していくのである。

書き方にはひとつのルールがある。それは1ページには1項目のみを記入するということである。

例えば、「世界中で人類が産出した黄金の量は、50メートルプールの約3杯分である」という記事を目にしたとする。そこで「お金ノート」のページの一番上にこの情報を記入する。そして、その下には何も書かずに空白にしておくのだ。

そのうち、後日どこかで黄金のことが出てきたら、その下に新しい情報を付け加えるようにする。「世界の産出国で大きい国は、南アフリカ、オーストラリアである」という記事を目にしたとする。すぐにそれを最初に記入したものの下に書くようにする。こうやってゴールドの情報を集めて書いていく。すると、関連づけたものの中から、疑問やアイデアが浮かんでくるので、今度はそれを下部に書きつける。

例えば、街を歩いていてある店舗の前に「本日の金価格」という電飾看板が出ていたとする。すぐさまメモ用紙にそれを書きつけて、家に戻ったら過去の金地金の販売価格のトレンドをチェックしてみるのである。もし若干下がってきているということをグラフからつかんだとしたら、今が買い時だとひらめくかもしれない。そうすれば、金のインゴット（金塊・延べ棒）を宝飾店で購入する行動を起こすかもしれない。

金は時代が変化しても傾向的に右肩上がりになっているから、そのうち価格が上昇して、利益を得ることができる。

私の友人は、私の言葉を聞いて金地金を購入した。数年間保持していたら、ちょうど倍の価格に上がった。１００万円を投資して２００万円になったのである。こんなおいしい話を聞いたら、銀行などに預金できない。

こんなことが「お金ノート」から読み取ることができるようになるのだ。

お金に関するメモをとることでお金のセンスを構築していく

このように絶えず自分の頭の上にアンテナを張っていると、お金に関する情報は必ず自分のアンテナにひっかかるようになってくる。

そのためには、いつも気になる情報を書きつけるメモ用紙が必要になる。

藤田田氏は実は大変なメモ魔であった。

会食をしていて相手の話の中にひっかかる言葉があると、たいていは箸袋にすぐさまそれを書きつけていた。グラスの下に置いてある紙のコースターも、いつもメモ帳代わりになっていた。後は紙ナプキンなども、そのメモ用紙の代表格だった。

これを長年続けていると、いわゆる「お金のセンス」というものが養成されていく。藤田田氏の投資やビジネス感覚は、これからつくられたものであることは間違いない。

法則29

お金が好きならお金を集めろ

お金の洗濯という言葉がある。英語ではマネー・ロンダリングと言っている。いわゆるダーティビジネス、闇の商売で稼いだお金はいわば汚れている、だからそれをきれいにするために洗濯するというのである。

しかし、よく考えてみると、お金に汚いお金やきれいなお金というものが存在するのだろうか。

お金そのものにはそのような性質はない。誰かが詐欺《さぎ》で稼いだお金そのものは、一般に汚いと呼ばれるが、お金が汚いのではなく、詐欺行為そのものが汚いのだ。だから、お金には汚いもきれいもないのである。ここをよく理解しておかないと、大人がときどき、「お金は汚いからイヤだ」という言葉を発して、子供がそれに惑わされてしまうことがよくある。

では、あなたはお金が好きだろうか。

この質問にほとんど人は「好きだ」と答えるだろう。ではホントにそうだろうか。

あなたが子供のときに怪獣のフィギュアが好きだったとする。そしたらそれを本棚に一杯になるまで集めただろう。女の子なら、人形の洋服を延々と買い続けたことがあるかもしれない。それは怪獣や人形が好きなので、それらを集めたのである。

もしお金が好きなら、お金を集めていなければならない。あなたはお金が好きだと思っている。しかし、お金は手元にはない。とすれば、ホントにお金が好きなのではなく、お金を出して買うことのできるモノが好きなだけだとすぐに気づくべきである。

ここがわかるとどうしたらお金持ちになることができるのかがわかるようになる。

目標を達成するまでコツコツとお金を集める

藤田田氏はお金が好きであった。だから自分でお金を集めたのである。

会社をスタートしたとき、毎月10万円を銀行に預金することを自分に課した。しかし、絶対に使わないとこころに誓った。最初は、１００万円になるのを待ち望んで、見ても増えないのに、何度も何度も預金通帳を眺めていた。しかし１００万円を過ぎてからは、淡々とお金を貯め続けることに専心した。そのうち預金額を15万円に増やしていった。どれだけ途中でお金を引き下ろしたい衝動にかられたかわからなかったと述懐している。しかし、それに手を出すことなく、決して取り崩さなかったのである。だから最終的に確認したときには、残高はゆうに1億円を超えていた。これがホントにお金が好きな人の行動である。

藤田田氏の最初の外食産業での大目標は１０００億円だった。これが夢だった。それを成し遂げるためには、それに到達するまでのステップを着実にクリアしていった。最終的に１９８４年に願望を達成した。

結局、お金が好きで、お金を集めることが好きだったから、これができたのである。ホントにあなたはお金が好きなのか。自分に問うてみよう。

法則 30

ギャンブルからは遠ざかれ

あなたはギャンブルをやって儲かった人を知っているだろうか。私はこれまでに個人的にギャンブル長者という人に出会ったことはない。このギャンブルという代物も、数字で見るとちょっとは冷静になれる。

ギャンブルには「還元率」というものがある。ギャンブルも営業をしているので、どうしても営業費が必要となる。そのため、掛け金の中から最初に必要経費をピンハネするのである。その残りのお金がギャンブラーに戻される。そのお金のことを還元金と言い、その率を還元率と呼んでいる。

日本で行われている法的に認められているギャンブルは7つある。その還元率の高い順番に並べてみよう。一番下の数字が1万円当たりの手取りである。（総務省情報から）

①パチンコ・パチスロ	80%前後	8000円
②競艇	74・8（税引き後58・5）%	5850円
③競輪	74・8（税引き後58・5）%	5850円
④オートレース	74・8（税引き後58・5）%	5850円
⑤競馬	74・8（税引き後58・5）%	5850円
⑥サッカーくじ	49・6%	4960円
⑦宝くじ	45・7%	4570円

これを見ると直ちにわかるが、パチンコを除いて、その還元率は所得税などが引かれるため、ほぼ半分となっている。サッカーくじ、宝くじは税は取られないが、最初から半分以下である。

つまり、1万円をつぎ込んでも、平均的には半分しか戻って来ないということである。賭け事をした場合は、もう最初から負けゲームに資金を投入しているということなのだ。

庶民のささやかな夢である宝くじに至っては、地方自治体などの胴元がピンハネする金額が54・3％で、還元金よりも多いのである。これでは最初から大負け戦《いくさ》である。

最初から負け戦のギャンブルはせずにそのお金を預金しておけ

ある場所で、宝くじを20年間以上楽しんでいるという人に出会ったことがある。宝くじ購入が趣味だと言う。そこで戦績を聞いてみた。するとトントンだと言うのだ。この人の1年間に出費する金額はおよそ300万円だと言う。宝くじの還元率が50％以下でトントンなら、大いに勝っているとも言える。しかし、実際にはほとんど勝っているようには見えなかった。

もし、この人が毎年つぎ込む300万円を宝くじを買わずにそのまま銀行に預金しておいただけで、20年間で何と6000万円になる。当選金をあてにせずとも、20年後には6000万円が自動的に入ってくる。確実な当選金が手に入ることになるのだ。

要約すると、ギャンブルをするということは、1万円を相手に渡して、すぐさま5000円をもらうというお金の交換ゲームをしているということに他ならない。最悪は、1万円を渡しても一切戻ってこない可能性すらある。だから、このゲームをすることはあまり賢い方法ではない。

また、お金の性格を分析すると、お金たちは自分たちがギャンブルに使われることをイヤだと思っている。

だから、宝くじを含めて、ギャンブルにお金をつぎ込むと、いつの間にどこかに消えてしまっているのは、実はこのような理由からなのだ。

法則31

タネ銭を育てろ

食品工場で工場長をしていたときの話である。ある男子従業員がふらりと事務所に部長宛ての書類を持ってきた。彼は、以前から禁煙をしたいと漏らしていた。そこで、私は禁煙を始めたのかを尋ねたのである。すると彼は、まだ実行していないと言う。そこでタバコは持っているかを尋ねると、ズボンの前のポケットから1箱を取り出した。私が「これは預かっておくから、3日したら取りに来なさい」と言って取り上げてしまった。私が強制的に禁煙をさせてあげたのである。

3日後に彼は、取り上げたタバコを取りにやってきた。取り上げられたのでやっと禁煙ができたと告白したのである。付き合っている彼女も大賛成してくれたと喜んでいた。そこで彼に伝達したのは、タバコを買ったつもりで500円ずつを貯金箱に入れていき、半年したら出して、今ほしいものを買うようにサジェストしたのである。

半年後、彼は数万円もする新しいスニーカーを履いて、ニコニコしながら報告に来てくれた。今履いている靴がずっと買いたかったものだったと、誇らしげに見せてくれた。タバコを吸ったつもりの「つもり貯金」で買うことができたと笑顔を見せていた。私自身はタバコを吸ってはいなかったが、当時、彼のタバコを取り上げたので、同時に私も500円の貯金をやることにしたのである。毎日1箱吸ったと思って、500円を貯金箱に入れる。1年後に容器が満杯になったとき、近くの郵便局に持っていってカウントをしてもらった。すると、何と通帳には18万円なにがしの金額がくっきりと印字されていたのである。

1日500円でも大金に化ける貯まったお金で次の投資をしよう

これがいわゆる「タネ銭」である。500円玉1枚なら、タバコが1箱とか安価な弁当代ぐらいにしかならないが、このように1年間貯めてやると、まとまって18万円になる。先ほどの彼のように靴を買ってもいいが、タネ銭として活躍させてやるためには投資が最適だ。

昔なら、この金額を銀行の2年間の定期預金に預け入れると、大きな利子がついていたものである。しかし、今日では18万円くらいなら定期預金でも利子はたかが知れている。現代なら、この金額で買える株式に投資するのがいい。投資するとなると勉強しなければならない。株式投資のやり方から、銘柄の選び方、自国の経済状態、その会社の業績、業界の行く末、日本経済の進展等など、調べなくてはならない情報が山ほどある。投資行動をすることで、知っておかなければならないことは山ほど出て来るのだ。またこの金額なら、金地金への投資でもいい。相場の金額によって違うが、2020年で30グラムほどの金を入手することができるのである。

こうやってタネ銭ができることによって、500円ではできないことができる。加えて同様にタネ銭をつくると、株式を買い増ししてもいいし、あるいは再び金地金30グラムを入手してもいい。こうやってお金以外のものに変換していくと、それらがどんどんと変化していって、大きな金額へと成長していくのである。

だから500円をバカにしてはいけない。それらはタネ銭のもとになる大切なお金なのだから。

法則32

財産3分法を学べ

毎日タバコ代の500円ずつをコツコツ貯めていく「つもり貯金」でタネ銭ができた。これを応用して、もし毎日コンビニに寄って缶コーヒーを買っているなら、自宅でインスタントコーヒーをつくって、魔法瓶に入れて持っていく。これで100円なにがしかの節約ができる。こんな風にしてお金を貯めていくことで、タネ銭を生み出すことができる。1000円のパチンコをしていたら、それもやめて貯金箱に入れていく。これらは金額が小さいので、案外気楽にできて効果も高いものである。

あるいは、毎月の給料の中から、天引き式に10%を引き出して自分で強制的に預金通帳に入れてしまう。その後は残りの金額で生活するように工夫するのだ。もし手取り22万円が月給なら、2万2千円を即座に口座に入れる。すると年間で26万4千円となるので、かなり大きなタネ銭となるのである。

ここでのタネ銭の貯め方を成功させる方法がある。

それは、給与振込口座とはまったく別に銀行で、別の預金口座を持つことである。私はそれを郵便局のゆうちょ銀行の口座としていた。この口座はあくまで「タネ銭」口座なので、タネ銭が集まった時点で別な投資先に移動する一時休憩所みたいなところだった。具体的にいうと、給料日に振込銀行で6万2000円を生活費として下ろす。そのお金を持って、すぐ隣、あるいは近くの郵便局に行って、2万2000円をゆうちょの口座に入れてしまうのである。後は「タネ銭」口座のお金は忘れてしまう。こうすることで、1年後に10万単位のタネ銭が生み出されてくるのだ。

では次のステップだ。

ここで集めたこのタネ銭を働かせてやらなければならない。ここからは所有者の頭の体操になる。このおもしろさがわかったら、スマホでやっているゲームなど比べものにならないくらいワクワクするのである。

例えば、タネ銭が30万円あったとしよう。

すると、1株300円の株式が購入できる。1000株のオーナーとなるのである。会社によっては違うが、配当金が1年に1回とか2回ある。1株5円の配当だとする。

すると1000株だから5000円の臨時収入になる。2回なら1万円が配当金なのだ。この利率を計算してやると、1万÷30万＝約3・3％となって、銀行預金なんかばかばかしくなってくる。銀行預金と株式投資のどちらがいいのか一目瞭然だ。

この配当金は決して使ってはならない。

これらはすぐさま「タネ銭」口座に入れてやる。あるいは株式の場合は、会社によって違うが株式再投資ができる方法がある。例えば、5000円の配当金で株価300円なら、5000÷300＝約16株の新株を自動的に買って、手持ちに付け加えてくれる。つまり1016株のオーナーとなる。次にはこの増えた株数に対して配当金がつくので、5円の配当なら5080円が配当となる。したがって半年間で配当金だけでも80円増えたことになる。

これは一例だが、タネ銭があると後は数字の大小でどうするかを考えることになる。30万という数字をどうやったら大きくできるかを、知恵をめぐらせて考えるゲームになるのである。投資信託でもいいだろう。金地金を購入するのでもいい。

とにかくいわゆる金融商品というものにお金を投資することによって、金額を大きくする方法を考えていったらいいのだ。こうすることで、お金は紙幣ではなくて、価値の比較できる数字であることが理解できるはずである。

お金を資産に換えて安定した運用をしていく

これらのお金などのことを、一般的には資産と呼んでいる。資産にはいろいろな形のものがある。まず、一番ポピュラーなものは、みんなが使っている紙幣や硬貨などのお金だが、そのお金で買うことのできる株式、また金（ゴールド）やダイヤモンドなどの宝石類、もっと大きな金額にして買うマンションとか住宅という不動産ということになる。

これらが数字を駆使して扱うことのできる対象物となるのである。最近ではビットコインなどのように仮想通貨と呼ばれるものも出現しているから、資産の形もどんどん変化し増加している。

それらを専門的には、①現金、②現金にすぐに交換できる有価証券類や宝石類、③住宅などの不動産、という区分けをしている。

これらは、昔からこの3つに分散して持っておくのがいいと言われてきた。それを

「財産3分法」と呼んでいる。

最初はタネ銭などのように簡単に集めることのできる現金類を手に入れる。そのあとは、そのお金を集めて株式などを購入する。最後に自分が住むために住宅に投資するという方法で、お金を運用していくのである。そうすることで、財産が3カ所に分けられるので、自分の資産を安定的に確保できるということになる。

この3分法という手段の存在を知ると、お金は友達を連れて戻ってきてくれ、ますます大きくなって自分に尽くしてくれることが理解できるようになる。

法則33

財布でお金をおもてなしせよ

あなたは他人の財布の中身が気になるだろうか。例えば自分の職場にいる人たちとか近所に住んでいる人たちの給料である。

しかし、それを知ってどうするの、という疑問が湧く。そんな金額を知ったからといって、自分の給料が上がるわけでもない。はたまた、有名人の年収が数億円だと聞いたところで、あまり役に立つ情報ではない。そんな数字は自分には全然関係のない数値であることを認識することである。

そんなことより、自分の財布の中身のほうがもっと大切なのである。

ここで質問してみよう。今あなたの財布の中には現金やコインがいったいいくら入っているだろうか。もしクレジットカードで買い物をしていたとしたら、使ったお金の合計金額は現在いくらになっているか知っているだろうか。こっちの方がもっと重要な数字である。

これらの数字を意識せずにお金持ちになることは、程遠いと考えた方がいい。クレジットカードの使用金額が、もし自分の月給より多い場合は、その支払いは一体どうするの、ということがもっと切実な問題なのである。

持っている財布でチェックする
お金持ちになる要素

お金持ちの人たちは他人の財布の中身よりも、自分がどう稼ぐかをいつも念頭においている。つまり、他人の財布の中身が気になる人は、それがそもそも貧乏人の証拠なのである。

だから、他人のことを考える暇があったら、自分のことを考える時間を持つようにした方がいい。

私はこれまでお金持ちの人たちを数多く見てきた。その中でお金を入れる財布は、貧乏人と区別することのできるいいツールだと思っている。そんな情報をまとめてみた。

お金持ちの財布

①レシートなどが入っていなくてスッキリと薄い。
②財布そのものが美しく、破れたり、縫い目がほつれたりしていない。
③一般的に長財布がいいと言われているが、二つ折りのものを使用しているお金持ちもいて、一概にどちらがお金持ちとは言えない。
④お札の向きが全部しっかりそろっていてバラバラになっていない（頭を下に向けて入れるのは財布の中にとどまってもらうため。頭が出口に向かっているのは、しっかり稼いでもらいたいため、と考えて収納している）。
⑤お札が入ってくるときには、「いらっしゃい」と言い、出すときには「いってらっしゃい」と声を掛ける（心の中で）。
⑥しわくちゃの札にはアイロンをかけるマニアもいる。
⑦財布の価格の200倍がその人の年収になる（例えば、1万円の財布なら200倍して年収200万円、10万円の財布なら2000万円となる）。欧米では、財布を持たない人もいて、マネークリップなどで止めているお金持ちはいる。ただ、そのクリップが高価である。

⑧新しく入れた最初の金額が財布の記憶に残る。その記憶の金額になるようにお金が働く（最初50万円を入れると、その金額を覚えているのでその金額になるようになる。最初に入れたお金そのものは3日後に口座に戻していい）。

これらの情報は都市伝説的なものもあり、当たっていないものもある。

ただ、ここで示しているのは、お金持ちはお金を大切にして、お金を自分の友人や仲間と同じだと考えているということだ。お金の家とも言える財布の中でおもてなしをしているのである。

お金持ちになりたければ、お金を好きになり、また反対にお金から好きになってもらわなければならない。そんな心がけをすることがお金持ちへの第一歩なのである。

法則 34

性悪説で対処せよ

藤田田氏はいつも、最善と最悪を考えていた。うまくいったときはどうするのかのアイデアをいつも持っていた。それとはまったく真逆の最悪の場合、どう対処するのかも絶えず頭の中に描いていた。そのいい例が、まだ防災などがあまり叫ばれなかった1980年代当初からでも、本社入り口には来客用のヘルメットと軍手がいつでも使用できるように準備されていた。地震で落下物が落ちても頭にケガがないようにとの配慮である。いいときと悪いときの双方を考えていてこそ、何かが起こったときに対処ができるのである。

このお金の章の最後として、私の体験した失敗談をさらして最悪に対処してもらう、よすがとしたい。

詐欺にあって一文なしになった
ある日本人男性の話

私はオーストラリアへは、1990年にゴールドコーストの日本食レストランの支配人として雇用されてやってきた。235席の大型店である。店内の200席のほかに、外で食べることのできる35席のパラソルの客席を持っていた。数多い顧客の中で、ある日本人のお金持ちがいた。寿司が好きだとよくカウンターに来て、大トロなどの高級魚を注文していた。店舗にとっては上客であった。通常1人の顧客が使うお金が20ドルのときに、この人は100ドルほどを注文してくれたのである。週に数回来ていたが、ある日を境にぴたりと姿を見せなくなった。

その後、外を見回っていると、何とその人がラーメンをすすっているではないか。顔には無精ひげで見る影もない。心配になって事情を尋ねてみた。状況は次の通りであった。

「日本では個人会社の社長をしており、この街が好きになって、移住するつもりで住宅を購入した。そのときに弁護士と通訳の日本人がエージェントとなって手続きをしてくれた。いろいろな書類があり、英語だったので言われるままに署名をした。ところが、その契約書の中には弁護士のサインがないと、自分の銀行口座からお金が下ろせないことになっていた。それをつい最近知った。そのため、お金は銀行にふんだんにあるにもかかわらず、自分のお金として引き出すことができないので、食事にも困っている」

こんな事情であった。いわば2人の詐欺師に騙《だま》され、身ぐるみはがされたような仕打ちであった。この一件以来、その日本人顧客は姿を見せなくなってしまった。

契約書があっても英語のために読むことができない。そんな弱点をつかれて口座をハッキングされてしまったのである。他人は信用ができない。署名は簡単にしてはならない。相手には性悪説で対処しなければならない、という実例である。

自分は大丈夫と思っても相手は必ず騙しにくる

その後、私はゴールドコーストを離れて、1000キロ南に位置するシドニーにやってきた。今度は野菜工場の品質保証マネージャーとしてである。私は1年ほどして自宅を購入することにして、不動産エージェントと付き合うようになった。気心も知れたとき、彼は自分の生まれた国でビジネスをやるので、援助してほしいとの話を持ち出してきた。内容は豪州でとれるアワビを干して、干しアワビとしてその国に輸出するという。原価の5倍で売れるから大きな利益を上げることができる。ぜひ一緒にやりたい、とのことだった。そのためには、輸出国に貿易会社がないとその国の輸入許可が取れないので、会社を立ち上げてほしいという要請だった。私の会社名義を貸してもらうだけの会社であると言う。私は将来は独立も視野に入れていたので、この話に乗ることにしたのである。

結果的には会社を設立して、私が代表取締役社長という肩書で貿易をすることになった。そうこうするうち、彼の母国から連絡があって、サンプルを送るのでサンプル代金が必要になった。だから100万円を貸してほしいという。2か月後には代金が入るので20％の利子をつけて120万円で借金は返す、との話だった。

100万円を送金した後、彼から2カ月後に120万円分の小切手が送られてきた。私は初めての商売で20％の利益を手にした。やったと跳び上がって喜んだ。その小切手を指定の銀行に持参して入金した。すると数日経ったある日、銀行から郵便物が届いたのである。中身を確認して驚いた。彼から送ってきた小切手はいわゆる不渡りで、口座にはまったく預金残高がないのでこの小切手を私に戻す、という書状であったのだ。結局、20％の利益どころか、元本の100万円も目の前から忽然《こつぜん》と消えてしまったのである。彼の行方もわからず、最終的にはこちらが泣き寝入りということになってしまった。100万円は結局、このような体験をするための授業料とあいなった。

問題点はいくつかある。

①まず、自分が名前だけにせよ、「代表取締役社長」などという肩書を得ることになって舞い上がってしまっていた。
②相手を完全に信用しきって、疑いなどみじんも考えなかった。
③自分は詐欺などには絶対ひっかからない人間だから、大丈夫だと勝手に信じきっていた。
④商品が5倍の金額になったり、20％の利益を出したりできるくらいなら、どうして自分1人でやって自分だけが儲けようとしないか。その点にまったく頭が回らなかった。

⑤マーケティングや外部情報などを十分に調査することなくビジネスをスタートした。
⑥顔見知りだというだけで100％相手を信用してしまっていた。
⑦契約書等を取り交わさなかった。
⑧資金を貸すとき担保物件などを要求しなかった。

細かな点ではこれ以外に多々ある。ただおおまかなところがこれらである。

詐欺に遭う人の共通項は、欲に目がくらんでいる。また、自分は絶対に詐欺にはひっかからない、という変な誤認識を持っている。

今のこの2つの例だけでもよくわかるが、「詐欺には絶対ひっかかる」と最初から考えておくべきである。だから騙されないためにはどうするかをしっかりと想定して、準備しておかなければいけないということなのだ。

今この時点でも、詐欺軍団が従順な人たちを狙って金品を奪おうとしている。だから相手は性悪だと考えておくことである。また、出資をしなければならないとしたら、1％で様子を見るようにして、被害を最小限に留める。要は性悪説で事に当たることだ。

第4章

人間力の法則

法則35

沈黙は金を知っておけ

私が日本マクドナルドの入社試験を受けたのは、米国から戻った翌年、1972年だった。当時は会社もできたばかりで、東京の本社は、新橋の住友新橋ビルにあった藤田田氏所有の藤田商店の一角を間借りしていた。また、関西地方は大阪ホテルプラザの2室を占有して臨時の大阪本部としていた。東京は社長の藤田田氏が、大阪は友人の古賀氏が大阪本部長として君臨する体制をとっていた。私は第二次の面接試験をホテルの一室で受けたことを今でも覚えている。

本部長の古賀氏は大学時代、京都にある大学の柔道部に所属していた。練習中に顔にケガをして数針を縫う手術をしたため、頬に刀傷のような傷跡がくっきりと残っていた。当時、100キロを超える体重と上背もあったので、その体格や顔の傷からまるでヤクザの親分のような風貌をしていたのである。しかし、笑うと何とも言えず親しみのある笑顔を周囲の人たちに振りまいて、人気者であった。

関西地方の第1号店は京都・河原町にあった藤井大丸店の店頭にあり、銀座三越店のコピーのような恰好でスタートしていた。京都は東京とは異なる独特な文化を持つ街なので、当時かなり苦戦を強いられていた。古賀大阪本部長も、当初のセールスアップには苦慮していた。後年、私は生駒の丘陵地帯にあった古賀氏の住宅に家内と一緒に招かれるまでの間柄になったが、古賀氏の奮闘の甲斐あって大阪本部も東京に負けず劣らずの隆盛を誇るようになってきたのである。店舗数もウナギ上りに上昇していった。

大阪本部長を襲った病魔
戦友を失った社長の涙の意味

そんなとき、「好事魔多し」という事態に陥ったのである。健康診断時に、古賀氏の体内にガンが発見された。すぐに入院という事態になった。しかし時はすでに遅く、病状は末期状態であった。そのため入院後には、あの堂々たる体重が半分以下になり、骨と筋の病人になってしまった。数年間の闘病生活が強いられた。しかし、その努力も水泡に帰し、30歳後半というそんな若さで天国に召されたのであった。

大阪本部長の葬儀は社葬とされた。藤田田氏は戦友としての古賀氏を悼《いた》む弔辞を読む予定であった。しかし書面を開いたとき、涙が止めどなくあふれて、声にならなかった。その嗚咽《おえつ》は号泣に変化して、人目もはばからず参列者の前で大声で泣いてしまったのである。それまで創業当時からずっと一緒に戦ってきた友人を突然亡くしたその失望感は、筆舌に尽くしがたいものがあったに違いない。幾多の苦楽が走馬灯のように浮かび上がっては消えていったのだろう。

藤田田氏は、自他ともに認める弁論の達人であった。言葉を巧みに操り、人を感動させ、人を行動に導き、成功の道を歩んできた。いわば言葉の魔術師であった。だから饒舌《じょうぜつ》な言葉は藤田田氏にとっては剣以上のものであったに違いない。

しかし、志半ばにして潰《つい》えてしまった親友に対しては、言葉を発することのほうがかえって虚しさを増長する。それより人前で号泣する方が、こころの奥底の本当の悲しみを他人にわかってもらうにはもっといい手段なのである。

言葉は時によって不必要なことがある。それを「沈黙は金」と言う。このような場面もあることも記憶に留めておくのがいい。

法則 36

明日から今日を行動せよ

私は米国カリフォルニア州の2年間の海外研修から戻り、すぐさま従業員研修センターであるハンバーガー大学のプロフェッサー（教授）という役職についた。ハンバーガー大学とは、マクドナルドに勤務する従業員に対して基礎からトレーニングを行う、教育訓練機関のことである。そこには、学長、副学長と同僚であるプロフェッサーが数名、英語から日本語に翻訳をする翻訳家2名がチームとして組織されていた。それ以外に、当時学長を補佐する役割として、陸上自衛隊を退役した元陸将が顧問として席を構えていた。

私が座る目の前の席が顧問の席で、その部屋に2人だけになると雑多な情報をインプットしてくれるようになった。そのひとつが「5年先を読む」ということであった。やり方は、毎年1月の初頭に、その年から数えて5年後を推定する。例えば現在が

2020年なら、それに5年を加えて2025年を考えるのである。そして2025年がどのようになっているかを自分なりに考えて、経済とか社会とかのジャンルを適当につくって推理するのである。その考えがまとまったら、必ずノートなり用紙なりに書き留めておく。これを毎年やっていくようにするのだ。最初はかなり困難だが、毎年やっていると要領がつかめるようになる。

5年後の未来を予測して現代の問題を考える

一番のおもしろいのは、最初に推理した2025年に到達したときである。記入の年から5年が経過しているので、自分の書き残した推論がどうなっているのかの答え合わせになる。最初はかなり外れている。しかしこれを毎年やっていると、徐々に微調整が入っていき、10年くらい経つとかなりの高確率で、自分の予想したことが世の中に現れていることになるのである。かなり未来を見ることができるようになる。

私はこれを1982年からやっているので、ほぼ40年近く継続していることになる。そうすると5年前には思いもよらなかったことが、5年後のノートに記されていて、書き記した自分自身が驚嘆してしまうことがたびたびあった。例えば、私は以前、交通のところで「空飛ぶタクシーが出現する」と書いたことがある。2020年ではまだ実用化はされていないが、その片鱗がすでに表れていて、ドローンのタクシーとか、翼を持つ車などが出現し始めているので、実現間近なのである。推論が合致し始めているのである。つまり、これは5年先を見越して現代を考えている。

今の空飛ぶタクシーの例なら、空域のコントロールはどうするとか、保険をどうするとか、強力なモーターを製造しなければならないとか、電源はどんな電池にするとか、充電設備は、など、関連する問題や課題が山のように出てくる。それを今から考えておくだけで、結果的に儲かることにつながっていくのである。

藤田田氏も同様なことをいつも考えていた。未来の予測だけでなく、5年後の自分はどうなっているのか、どうありたいのかなど、考慮することは山積みだ。考え方の基本として、今日から明日という未来を見るのではなく、明日という将来から、今日という日をどうするかを考えていく。すると、それを継続していくと、5年後、あるいは10年後から今を見ることになる。そうすることで今日は一体何をしなければならないかが、わかるようになるのである。

5年先を読むノートのつくり方

ジャンルを決めて5年後の未来を推理する

政治
- 総理大臣は誰になっているか？
- どんな法律や条例が制定されているか？
- 外国との関係は？

経済
- どんな商品が流行するか？
- 株式市場の動向は？
- 税率は変化するか？

社会
- 人々の価値観はどう変わるか？
- 犯罪や事故は増えるか？
- 災害は起こるか？

など

＋

5年後の自分の理想像

これを毎年続け、少しずつ予測の精度を高めていく

**“5年先を読むことで、今の自分が
するべきことが明らかになる”**

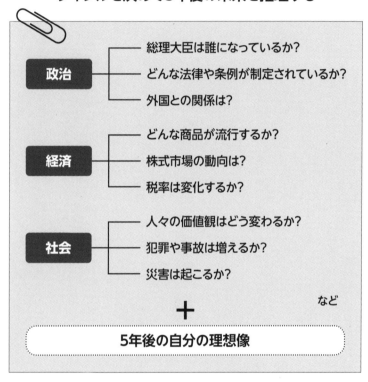

法則37

病気にはとことん付き合え

以前勤務した食品工場での出来事である。冬になり、気温が1桁台に下降してきたとき、風邪が原因で病欠する社員が出るようになってきた。1人、2人とその数が日ましに増加していき、全従業員数の2割ほどが欠勤するようになってしまった。ここまで来ると、工場は通常の生産スピードで製造ができない。仕方なく、通常の半分にあたる速さで生産をせざるを得なくなった。当時、インフルエンザが流行していたので、それにかかったものと推察せざるを得なかった。

このように、風邪によって従業員が病欠すると作業人員が不足して、工場もストップせざる状況に陥る。では、冬になって寒くなったから風邪にかかるかというと、暑い真夏でも風邪になるから、温度がすべての原因ではないことがわかる。実に人が風邪を引くのは、体力が衰えてきて体の働きが正常を保てなくなるためだ。体が休養を要求して、強制的に体を休めさせようとするからなのだ。

だから風邪の一番の良薬は風邪薬でも予防接種でもなく、布団にくるまってしっかり休養をとるということなのである。

私は幸いにも健康に関しては実に恵まれていた。だから、幼稚園から大学まで病気で休んだことは1日もなかった。そのため、級友たちが病気で休むということがあまりよく理解できず、そのまま社会人となった。

1981年、米国での2年間の研修から帰国すると、私はすぐさま合気道の道場の門を叩いた。自分の体力をつけるためと、それまでずっと合気道をやりたかったからである。

自宅から職場までのちょうど中間の駅を下車すると道場があったので、週2回道場に通って鍛錬をすることにしたのである。毎年、夏には都会を離れて山里の道場で合宿があった。

ある年、仙台の北にある山の中で合宿が開かれた。それに参加したとき事故が起こったのである。私が受け身を取ったときに、タイミングをずらしてしまって、左脚を畳の上に突き刺すように落ちてしまった。

自分が病気になって気づく健康なことの幸福さ

全体重が左膝にかかって、膝の関節のクッションであるじん帯を破損してしまったのである。そこから地獄の苦しみを味わうことになった。新宿駅西口から事務所のあるビルまでは、毎日ほぼ10分間程度の競歩で通勤していたが、膝を痛めた脚では歩くことすらままならないのである。数百メートルを毎日30分間以上かけて通勤するハメとなってしまった。それまでのウサギから亀の歩みに大変化することになった。まるで天からお仕置きのような仕打ちを受けたと感じた。

このように脚に障害を受けたことによって、自宅から職場まで、どれだけ階段が多く、また段差も至るところにあることを痛感し、まるで自分がイジメにあっているとさえ思えた。こんな道路なら、車いすで移動しようとする障がい者の人たちにとってはその苦労は並大抵でないことを悟るようになったのである。

そこでハッと気づかされた。

それは、私はこれまでずっと健康体であるがゆえに、体の不自由な人たちのことを気遣うことなど1ミリもなかったのである。そんな私の身勝手さを天は私に知らせるために、このような荒治療で気づかせてくれたことを納得したのである。それも、私が自分のケガにどっぷり浸かり切って毎日を通勤したからであると悟ったのである。健康で自由に歩くことができるのがどれだけ幸福であるのか思い知らされた。

病気やケガなどには、そうなった理由が必ずある。それを知るためには、病気なら病気にとことん付き合ってみる。そうすることで、必ずや病気から教えてもらうことが数多くある。それが自分自身を大きくする手段でもあるのだ。

法則38

甘さと辛さを使い分けよ

昔、「包丁一本さらしに巻いて……」という演歌が流行したことがあった。それは実はホントであることを、ゴールドコーストでグランドオープンした日本食レストランで体験した。調理人のことを英語ではシェフというが、板前さん、板場さんと称される人を日本から7人引き連れて、新規開店を華々しくスタートさせた。そのグランドオープンの宴席にはゴールドコースト市長も招待し、祝辞をもらった。板前さんの1日の最初の仕事は、さらしに巻いた包丁を丁寧に砥石で研ぐことから始まった。

それまで学生時代には飲食業のアルバイトは数多くしてきたが、こと営業となるとマクドナルドというファストフードでしか体験はなかった。だから、日本食の裏舞台を直に自分の目で見ることのできる支配人という私の役職は、興味の尽きない仕事であった。この店舗では、日本で言うところの伊勢海老、ロブスターを生簀《いけす》に飼っておいて、注文があると水槽から取り出して調理後に提供していた。日本人顧客には、ロブスターの活造りの刺身が大人気であった。口に入れると海老の身がプリプリして、舌の上で動くのがわかる。

ところが、その処理の仕方がなんとも豪州的なのである。

人には「人権」があるように、海老にも「海老権」があって、痛くないように処理してやらなければならないと決まっている。どうするかというと、大きなステンレスボウルに氷を一杯敷き詰め、その中に伊勢海老を入れてやる。5分間浸けておくと、氷で冷死状態になる。その時点で神経にアイスピックを立てて眠らせてやるのだ。するとロブスターは傷みを感じなくて調理されることになる。オーストラリアはここまで動物愛護の国なのである。

人の能力をコントロールする砂糖と塩の加減

現在、日本料理は世界のトレンドに数えられるまでに成長した。日本料理に携わった経験者としては、その栄誉は誇らしい。どこの国にも自国の料理があってそのポイントがある。日本料理の場合は、その調味料である。料理用語に「さしすせそ」がある。「さ」＝砂糖、「し」＝塩、「す」＝酢、「せ」＝醤油（せいゆ＝しょうゆ）、「そ」＝味噌（みそ）である。

この5つの調味料の中で一番重要なものがある。それが「し」の「塩」だ。このさじ加減を間違えると、大変なことになる。実験でやってみるとそれがよくわかる。まず200ミリリットルのコップを2つ用意する。そこにお湯を入れてみる。違いがはっきりわかるように、大さじを取り出して、それぞれのコップに砂糖と塩を入れて、ゆっくりかき混ぜてやる。

まず、砂糖を溶かしたお湯を飲んでみる。これは口当たりがいい。次に塩のお湯を口にしてみる。しょっぱくて飲めたものではない。このように、塩加減を間違うと料理が台無しになって、食べることができなくなってしまうのだ。

これを人間にあてはめてみると、砂糖は「ほめる」ということである。塩は「しかる」ということである。つまり、砂糖はちょっとやそっと入れてもあまり効かないのだが、塩はほんのひとつまみでも、大きく影響を与える。78対22の法則で考えると、部下に対して「ほめる」ことを78％実施する。しかし、「ほめる」だけでは羽目をはずすこともあるので「しかる」ことを22％実践するのである。この「砂糖」である「ほめる」ことと、「塩」である「しかる」ことのバランス感覚は非常に重要で、このさじ加減を間違えると、部下のやる気を即座に絶ってしまうことになる。

その点、藤田田氏は「ほめる」ことを非常に多用していた。そのいい例が、毎年行われる社員向けのパーティやコンベンション、あるいは大きなミーティングの機会を捉えては、間断なく表彰式をやっていた。数千人規模の従業員が見守る中で、例えば優秀店長として表彰されると、本人のやる気を奮い立たせるだけではなく、表彰された仲間もやる気を出した。当然、観客もいつかは表彰されてみようという気にもなる。

また、「しかる」という点では、店舗を視察したときに不具合があると、即座にカミナリが落ちた。人間はとかく気が緩んで目が届かなくなることがある。そんな不意をついて「しかる」のである。

このように「砂糖の甘さ」と「塩の辛さ」加減を、実に絶妙にコントロールして、いい料理をつくっていたのが、つまり運営していたのが藤田田氏であった。

人のやる気を引き出す甘さと辛さのバランス

砂糖

＝

ほめる

ちょっとやそっと入れても
あまり効かない

人はたくさんほめてやる
必要がある

塩

＝

しかる

ほんのひとつまみでも
影響が大きい

気を引き締めるために
しかることも必要

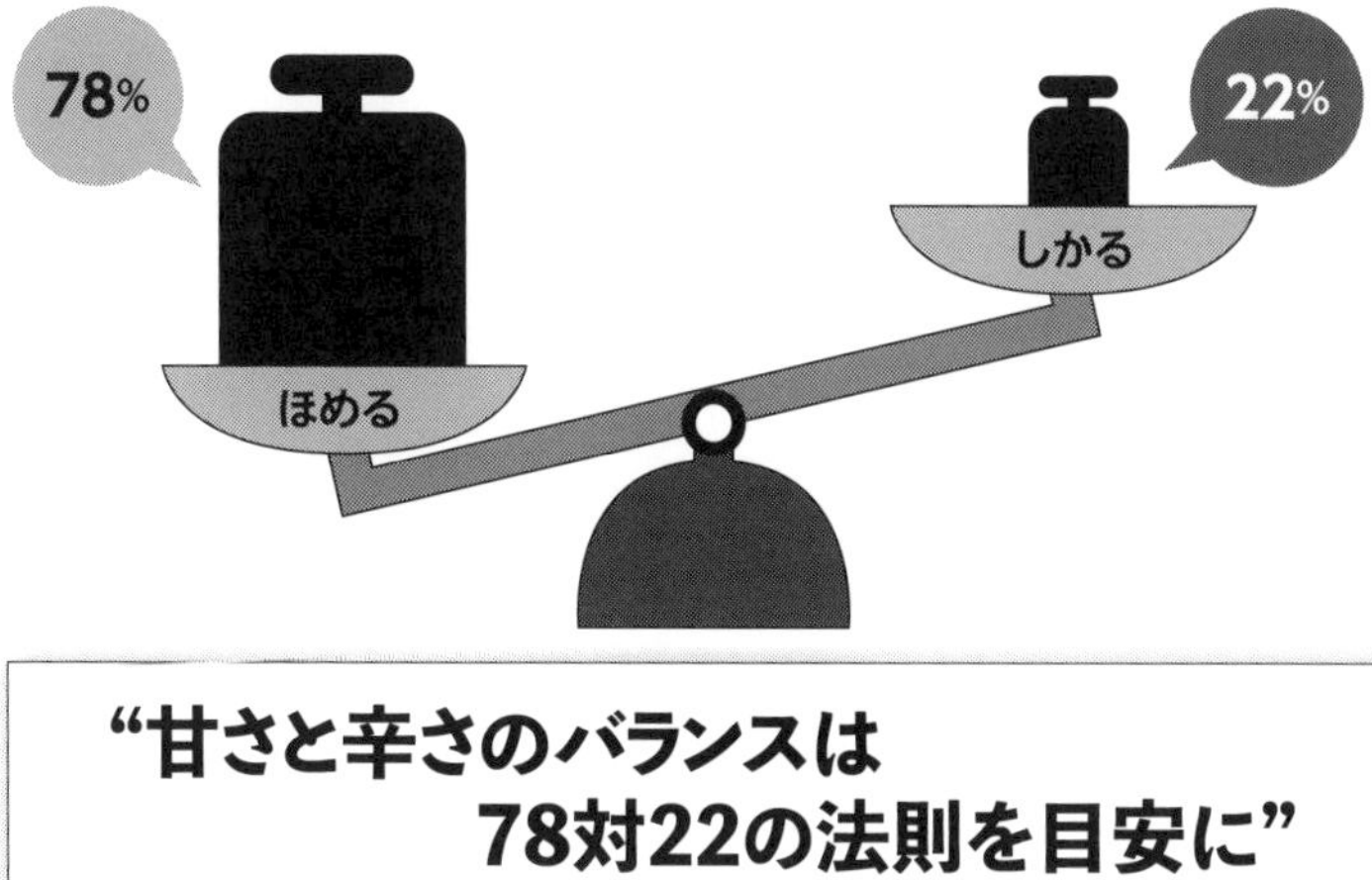

**“甘さと辛さのバランスは
78対22の法則を目安に”**

法則39

悪口はブーメランだと知れ

オーストラリアには土産店にブーメランが置いてある。小さなものから大きなものまで多様なサイズがあるが、実際に狩りなどに使用するものは50センチから80センチくらいの大型サイズのものである。先住民族であったアボリジニーが数千年前から狩猟用として使っていたものと言い伝えられている。これをどうやって使用するのかが謎であった。

ある日、郊外の公園に行ったときにブーメランの飛ばし方を指導してくれるところがあった。そこで試してみたのだが、前に進むだけで、なかなか戻っては来ない。飛ばし方にもコツがある。向かい風を利用して若干右側に向けて投げる。縦に握ってボールを投げるように前に放り投げると、風に乗って戻ってくるようになっている。水鳥などの小動物を捕まえるのに利用された。慣れるとブーメランは自分の手元に戻ってくる。戻ってくるときには水平になるので、両手で挟むようにしてキャッチする。

毒をまき散らす悪口は必ず自分のところに戻ってくる

このブーメランのように、投げると必ず自分に戻ってくるものがある。それが悪口である。

人間はどんな人でも、自分だけは正しいと信じている。自分が正しいのだから、相手の言ったことや、実行したことはすべて間違いとなる。だから、その結果に対して、ああだこうだと言いたくなる。それが悪口である。こちらから投げた悪口は相手に届いて、相手からブーメランのように確実に悪口が戻ってくる。

悪口と悪口がぶつかるとどうなるか。お互いに腹立たしくなり、言い争いや口論となってしまう。ある人が怒っている人の息を透明のガラス瓶に入れて、その中に生きたハエを入れてみた。このハエがどうなるかの実験をやってみたのである。空気だけが入った瓶の中のハエは数時間生きていた。ところが、怒気の入ったガラス瓶に入れられたハエは、なんと普通の瓶の10分の1しか生存時間がなかったという結果だった。

つまり、怒りの息の中には、何らかの毒素が入っていることがこれでわかる。

このように毒を吐く悪口がまき散らされる職場、旅館、ホテル、レストランなどに顧客が入ってくる。すると、その毒素にあたって気分が悪くなり、その場所にいたいとは思わなくなってしまう。その結果、どんどんとお客様が逃げていき、日に日に減少していくのである。結果、商売が振るわなくなってしまうことになる。あなたもこんな場所や宿舎などに遭遇した経験があるのではないだろうか。

これは「悪口」に留まらず、「不平不満」「愚痴」「泣き言」「文句」なども同様である。これらの5つの言葉はブーメランのように必ず自分のところに戻ってくるようになっている。自分の口から放たれるやいなや、クルクルと回りまわって自分のところに確実に戻ってくる。そのときには、相手という獲物にかならず衝撃を与えている。また、相手から投げられたブーメランには、今度は自分が傷を与えられるのである。

こんなバカげたことをやっているとお互いが損を被るだけでなく、周囲も同様に迷惑千万である。ではどうすればいいか。簡単である。ブーメランを投げないことだ。「悪口」は言わないことである。投げない限り戻ってはこないからだ。

法則40

思いやりの言葉はタダである

淀橋浄水場。さていったいどこのことだろうか。実は現在、東京都庁舎が立っている辺りのことなのである。1898年（明治31年）に東京に住む人の衛生状態を向上させるため、ここに浄水場が建設された。新宿周辺の開発に従って、1960年にこのあたりを副都心にするという構想ができたので、1965年に廃止された。

私は浄水場跡に副都心ができることを耳にしたとき、いささか疑念すら抱いていた。最初に訪れたときは、1971年に竣工された京王プラザホテルがポツンと立っているだけだった。まだ浄水場の跡地も周辺にはちらほら残っていた。それ以外はマクドナルドが本社を構える新宿住友ビルしかなかった。藤田田氏は1974年3月に竣工して、210メートルの高さを誇る、当時日本一のビルに本社を構えることにしたのである。ビルのデザインが三角形をしていたので、住友三角ビルとも呼ばれていた。

三角ビルの隣には三井ビルも建設が予定されていたが、藤田商店のメインバンクであった住友銀行系のビルであったために、ここにその居城を構えたのである。

社長室は44階に置き、運営、広告宣伝、ハンバーガー大学などをこの3区画の全フロアに配置した。それ以外に1階上の45階1区画と、少し下がった38階に2区画を入手していた。広さだけを見るとちょうど2フロアを借りていた計算になる。この時点で藤田田氏は、ここが日本の中心地になることをすでに予見していたのである。

東京の各地に「富士見」という地名が各所にあるが、正月休暇が終了してこの44階の窓から市街を眺めてみると、富士山が山の向こうにくっきり見える。昔は各地で富士山が見えた名残りが200メートルに及ぶ高さから眺望できるのである。藤田田氏は、日本一の高さのビルに社長室をしつらえることによって、天下を手に入れる願望を掲げたのである。それは後年実現されるが、スタートはここから始まっていた。

思いやる気持ちを込めた社長が口にした価値のある言葉

住友三角ビル44階はマクドナルドだけが入居していたので、この階で出会う人びとはマクドナルド関係者だけになる。

ある日、44階のトイレに入って用を足していると、隣で声を掛けてくる人がいた。そちらに目をやると、なんと藤田田氏である。「お子さんは小学校の何年生になったのかな。下のお嬢さんは幼稚園の頃かな……」と問いかけてくるのである。従業員の性格などを把握している社長はどこにでも数多くいるだろう。しかし、たまたま入ったトイレの横の従業員の子供のことをほぼ正確に尋ねてくる社長は、世の中にどれくらいいるのだろうか。

つまり、従業員個人の情報だけではなく、その家族に関する情報もインプットしており、状況に応じてすぐにアウトプットできるのが藤田田氏であった。

これにはたまげてしまった。私はこの問いにノックアウトされてしまったのである。言葉はタダである。いくら出してもお金はかからない。しかし、その出す言葉によって百万円にも1000万円にも値する言葉があることを、藤田田氏から学んだのである。

法則41

3Sの罠にかかるな

私が幼い頃にやっていた遊びというのは、ドッジボールとか野球、なわとびという単純なもので、道具もボールやバット、縄というような簡単なものばかりであった。あるいは地面に円を描いて、それを跳び歩くという道具の必要のないものが好まれた。それ以外では網と虫カゴを持って、自然の中で虫取りをするのが一番楽しい遊びであった。たこ揚げでは風にたこを乗せて天高くまで揚げることにスリルを感じる、自然が相手の遊びだった。

ところが現代では、ありとあらゆるスポーツが出現してきて、それぞれに特殊な技術を身につけないと遊ぶことができない。例えば、テニスなどはラケットの真ん中にボールがしっかり当たらなければ前に飛んでいかないし、フォームがきちんとしていなければボールを打ち返すこともできない。また、道具や施設がなければゲームができないことになっている。

最近ではコンピューターを使った、eスポーツなども現れてきている。２０１８年では世界46カ国でインターネットを経由してスポーツとしてのゲーム大会が開催されている。観客も巻き込んでその賞金金額も1億円を超える大会も出現するようになった。こうなると、スポーツといっても全身の体全体を動かすものではなくなって、手指のスピードや反射神経などを競うものに変化している。

のめり込むと危険な3S抜け出せなくなる前に注意

３Sという言葉を知っているだろうか。「スポーツ」「セックス」「スクリーン」である。すべての単語の上にSがついているのでそう呼ばれている。これらは為政者の人民統制の手段であると言われる。これらをコントロールして国民にそのエネルギーを3Sに向けるように仕組むと、人びとは政治などには関心を向けなくなるので容易に国を治めることができると言われている。

①「スポーツ」：野球に始まり、ソフトボール、サッカー、ゴルフ、テニス、卓球、バスケットボール、ラグビー、マラソン、陸上競技、水泳、スキー、アイススケート、サーフィン、ボルダリングに至るまで、リストアップすれば際限ない。一番大きな大会といえば4年に1回開催されるオリンピック。各国の国民を巻き込んで熱い思いとエネルギーがそれぞれのゲームに注がれる。それだけに熱狂して、心の中はゲームだけに占められてしまう。

②「セックス」：人類における最古のビジネスと言われるほど、昔から連綿と受け継がれてきたものである。これまでは人間の性に関する事象は秘め事と呼ばれ、そう考えられてきたが、現代では開放的に人びとの目の前に出現するようになってしまった。それだけにいわゆる暗い印象ではなく、むしろあけっぴろげに語られるようにもなっている。ＬＧＢＴなどにも脚光が当てられるような風潮となり、有名人の自らそれを認めるカミングアウトなども当たり前の世の中に変化しつつある。

③「スクリーン」：現代においては、一番の立役者はスマホであろう。これを通じて実行されるゲーム類、ＳＮＳであるフェイスブック、インスタグラム、Ｔｉｃ Ｔｏｋなどで、際限なく広がりを見せていて、若者のこころを捉えて離さない。加えて

劇場で上映される映画、ＶＲ（バーチャルリアリティー）のゲームや画像なども、子供から大人までを捉えて離さない。

これらに共通するのは、人間の本能に準拠することである。本能は生きるための欲望だから簡単にのめり込んでしまう。そして一度入り込むと抜け出すことは並大抵ではない。これらにエネルギーを投入してしまうと、ホントにしなければならないことがおろそかになってしまう。

だからときどき、自らが３Ｓの蟻地獄に落ち込んでいないかを見直して、そこから這《は》い上がることを考えていなければならない時代となっているのである。

法則42

他人の行動は自分の鏡である

「笑う門には福来る」

日本では昔からこう言い伝えられている。しかし、これを意識して生活する人がいったいどれくらいいるのだろうか。

マクドナルドでは「スマイル0円」を販売している。各店舗ではどうやってそのスマイルをキープさせるかが重要課題なのである。創業当初は、金銭のレジスターも今のようなコンピューターで管理されたPOSというものはなく、スウェーデン製の機械式のレジだった。機械の上が広く空くので、顧客から見て一番先に目につく場所に、レジトッパーというプラスチックの商品写真を掲げていた。その時間で売りたいものをそこに出しておく。例えば、ポテトである。顧客がハンバーガーを注文すると、同時に「ポテトもご一緒にいかがですか」とやると、半分くらいは成功して、売上増強につながった。

そのレジトッパーの裏に小さな手鏡を貼り付けておく。レジの前に立った女子クルーは、そこに鏡があるのでいやおうなしに自分の顔が写って、スマイルをしなければならないという細工である。これもかなり効果があった。それ以外には、店内の至るところに「スマイル」と印字したテープを貼っておいて、いつでも笑顔を思い起こさせるような仕掛けも考えて実践していた。

その鏡である。毎日どこかで見る鏡であるが、自分が笑顔をつくると、鏡の中の顔も笑顔になっている。当たり前のことだ。

しかし、この当たり前のことを意識する人も少ない。鏡の前でしかめっ面をすると、やはり鏡の中の顔もしかめっ面になる。泣き顔をつくると、泣き顔が出現する。鏡の前にいる人物はすべて自分で、それ以外の人ではない。すべて自分が写り込んでいる。だから笑顔を見たければ、自分が笑顔をつくればいい。

自分の笑顔が鏡になって
やがて相手から返ってくる

これは鏡の例であるが、実は私たちの周りには同じことが起こっている。

朝、職場に行って「おはよう」と笑顔で声を掛けてみると、必ず相手からも笑顔で「おはよう」が戻ってくる。家で口論をしてむしゃくしゃしながら、苦虫をつぶしたような顔をして「おはよう」と言ってみると、今度は相手から返ってくるのは、苦虫をつぶした「おはよう」なのである。

そう、周囲は実は鏡なのである。

自分が無意識に出している雰囲気や顔の表情はそのまま相手に伝わって、同じものが反射して戻ってくる。この法則をあなたは知っていただろうか。

職場の上司が理不尽な要求を出してくる。同僚のやることが気に入らない。職場が暗いなどの不満は、実は自分が出している姿が写っているだけなのである。

それが証拠に、今から毎日、家族、友人、知人、職場の人びとに笑顔を振りまいてみるとどうなるか。結果は、周囲が明るくなり、笑顔が飛び込んでくるようになる。

それを納得するはずだ。私は名古屋の店舗にいたとき、笑顔でマネジメントをしていた。その後、関東地方に転勤になったら、その店舗のクルー6名がわざわざ私の家にまで遊びに来てくれたことがある。笑顔が効果のあった一例だ。

楽しい職場がほしいなら、まずは自分で楽しくするのである。笑顔を振りまいてみるのである。すると周りがそうなる。結局、他人の行動は自分を鏡で写したものでしかないのだから。

法則 43

断り方にも頭を使え

私の親友からメールが入った。「どこの書店でも平積みされていましたよ」

私の第3冊目の本が出たときのことである。平積みとは、販売成績のよさそうな本の場合、読者に本そのものの表紙が全面に見えるように、テーブルなどに平らにして置いて販売する方法である。購買者は本を見て簡単に手にすることができる。書名は『藤田田の頭の中』（日本実業出版社刊）。一時期、日経新聞のビジネスブック販売ランキング第4位まで行ったベストセラーだった。第3冊目にして、売れる本を出版したのである。

私はシドニーに居住する作家で、それまで2冊出版したものの、いわば無名の著述家であった。このような新人の場合は、とにかく出版社にダイレクトメールを出して売り込みをするしか方法がない。「こんな本を書きました。出版していただけませんか」

いわゆる御用聞きと同じである。

特に処女作を出したときには、まったくどこにも相手にされなかった。日本の出版社130社に手紙を出してお願いをした。これだけ出してわかったことがある。この成功率はたった3％である。130社にダイレクトメールを出すと、3・9社、つまり4社が興味を示してくれる。最終的にそのうちの1社が出版を引き受けてくれた。まっさらの新人の場合は、どこの馬の骨であるかもわからない。だからきわめて危険きわまりないのである。出版しても売れる保証がないのである。しかし、幸運にも編集者が私の著作に一条の光を見つけてくれて、出版してくれた。『フード工場千夜一夜物語』（日経BP出版センター刊）。それが（財）日本図書館協会（現在は公益社団法人）の推薦図書に選ばれたのである。編集者には見る目があった。断ってきた出版社に対しては、少し鼻高々の気分であった。

興味を示してもらえる率がたった3％ということは、実は97％の失敗率であるということなのだ。

これだけ失敗を重ねなければ成功に到達できないことを表している。これは覚えておいていい数字だ。何か事を起こすとき、成功するのは3％であることを知っていると、今うまくいっていないことは97%の失敗の道を走っていて、実は成功への手がかりをつかんでいる最中であると理解できる。だから決してあきらめてはいけないということがわかる。

4つの断り方から考える次へつながる可能性

97%の断り率を体験していると、断り方にもいろいろとあることがわかってきた。

①返事も何もなく、完全に無視する。
②こんな原稿を持ち込みやがって、邪魔になるから今後こんなものは持ち込むな。
③当方とは扱う種類が違うので採用できないので、引き取っていただきたい。
④今回は採用させてもらうことはできないが、もし今後もいい作品があったら見せてほしい。

大別すると、このような4種類になるのである。特に②に関しては、「もう絶対こちらからは相手にもしない。よしんば頼まれてもここには一切関係もしない」という気持ちになる。

一番いい断り方というのは④である。「今回はダメだったが、いいものなら再度挑戦してもらいたい」というものだ。余韻を残して、次につなげている。実際、そのときは却下しても私の処女作のように、図書館協会から推薦される本になる可能性もあるのだ。

ビジネスや日常生活の上でも、断り方には注意する必要がある。

常に次につながるように配慮しておくことが、あとあと成功への足掛かりとなる場合もあることを念頭におくのがいい。

法則44

特技を磨いておけ

藤田田氏は、趣味は日本語研究だといつも言っていた。だから従業員に出す手紙や挨拶文の中に、普段では見ることのない漢語を使った文章を書き綴ることも多かった。例えば、1984年新年の年頭の辞では、「(前略)全社員、全クルー諸君、大いなる希望とそれを達成する意気と力を結集して、此處《このところ》に新しき歴史的黎明《れいめい》を迎えるために本年は乾坤一擲《けんこんいってき》、壱千億に向かって最大限の努力を要請する」といった具合である。漢字にはフリガナは一切なかった。従業員には自分で調べよという意図があったものである。だから、時として四字熟語や漢語などは、普段見かけることのないものがかなりあって、藤田田氏の明晰さと奥深さに感心させられたものである。ただ、これも従業員を叱咤激励する意味もあった。

ところで藤田氏は、「やまとことばで数を読む」という問題をよく出していた。ちょっと生意気な雑誌記者などが藤田田氏の取材に来ると、難問を出して煙に巻くことが多々あった。

例えば、日本語では1、2、3のことを「ひとつ」「ふたつ」「みっつ」と数えていく。最後は9、10である。「ここのつ」「とお」。ここで質問が入る。「では、じゅういち、はどう読むのか知っているか」と尋ねるのである。ほとんどが「じゅういち」と応答する。しかしそれは不正解である。正解は11、12、13、は「ひとつあまりとお」「ふたつあまりとお」「みっつあまりとお」と言うのだと教える。しかし時に、鼻っ柱の強い記者がやって来たら、解答は言わずに「今度会ったら教えてあげよう」と意地悪をするのである。かなり手が込んでいた。

また、日本語ができると鼻高々な外国人記者が来たときには、別な小道具があった。藤田田氏はいつも背広の内ポケットに、小学校の当用漢字の一覧表を忍ばせていた。それを出して、「じゃ、君が日本語に堪能なら、この小学校の漢字は全部読めるよね」と言って手渡すのである。「日本じゃ、すべての小学生が知ってる漢字なんだよ」と言うと、ほとんどの外国人は読むことも意味も言えなくて、ぎゃふんと言って、その鼻っ柱を簡単に折られてしまう。いつも笑いながら言っていた。

特技を身につけることで人間力が磨かれる

これが特技である。特技とは実は知識であり、情報なのである。

藤田田氏の特技はこのような日本語研究であった。真剣に学べば10年間もあればかなりのオーソリティになることができると断言している。周囲があの人は、日本語を勉強していると認知するようになると、関連する質問が寄せられるようになる。それに応答することで、ますますその方面の権威になることができるのである。

そうなると一目置かれる存在になる。すると自信が生まれて、それがバネになる。そうなって初めて部下や周囲の人たちを自分の意のままに動かせるようになる。

だから、陶器でも、清酒でも、盆栽でも、何でもいい。10年間、真剣になって自分の特技としてしまうのである。そのきっかけになるのが趣味であり、それを学ぶというこころ構えなのである。特に部下を持つ上司になる人にはこの特技は必須である。会社の社長なども同様で、経営以外に広く知識を所有していることが、人間の幅を膨らませて人間力をつけることになる。

法則45

手柄は部下のものとせよ

北関東にあるフランチャイズ店を訪れた。知人が従業員から独立してライセンスをもらい、社員ライセンシーとして独立店舗を運営している。一介の従業員が社長になれるのだ。訪問すると店舗内事務所にあるオーナー専用ルームに通された。ちょうど天井から下がったところに金縁の額に入れられた1枚の賞状が目に飛び込んできた。尋ねてみると、ある年の売上が大きく上がって前年対比で日本一になったという。それをたたえて表彰状が贈られたことを語ってくれた。賞状の最初にはその店舗のオーナーの氏名が、最後には、藤田田の署名が毛筆でなされていた。

米国や豪州では、アワードには表彰状よりも盾とか机の上に置く置き物が贈られることが多い。どちらかというと立体的である。しかし日本人には、毛筆で書かれた平面の表彰状が好まれ、社長室や事務所の中にうやうやしく飾られていることが多々見受けられる。

1人ひとりをやる気にさせて職場を活性化させる表彰

藤田田氏はこの日本人の賞状好きをかなり効果的に使っていた。思いつくものだけでも次のようなものがあった。

①年間売上記録・月間売上記録
②藤田田賞（会社に著しく貢献した個人）
③年間グッドアイデア賞・月次グッドアイデア賞
④マネージャーコンベンション表彰（店長表彰）
⑤10年勤続社員表彰
⑥オールジャパン・クルーコンテスト表彰

これ以外にも、地域で表彰された店舗の店長にはその都度、藤田田の名前で表彰状が出された。藤田田氏のユニークさは、表彰を必ず個人名でやっていたことである。店舗名で表彰すると、実際に表彰された人物が消えてしまって、店名だけがクローズアップされる。しかし、それを達成したのは、個人のエネルギーの賜物なのである。それを明らかにしていた。

マクドナルドの経営は、各店舗における1個1個のハンバーガーが顧客に販売されて積み上がって1店舗の売上になる。その1店舗1店舗が積み重なって4000店弱の数の店舗になっていく。つまり、小さなものを併せたチームワークが基礎となっているのである。それを熟知していたのが藤田田氏であった。

だからこのように数多くの表彰式を開催して、小単位のリーダーにその栄誉を表彰状という形で手渡していた。受賞した本人は当然その功績は自分だけのものではなく、下から支えてくれた部下たちのものであることをしっかり認識していた。各自が職場に戻るとチームで祝賀パーティを実施したのは言うまでもない。

このように手柄を部下のものとすることで、職場が活性化し、ますます売上が増進していったのである。

第5章

ピンチとチャンスの法則

法則 46

従業員を生かす方法を考えよ

藤田田氏は、マクドナルドを日本一の給与を支払う会社にすると宣言した。しかし、4000店の店舗を開店してしまえば、4000人の店長は必要だが、それ以上の役職が無限大に増えることを考えるのは不可能になる。店長も年齢が40歳、50歳となってくれば、体力的に劣ってきて、20代や30代のときにバリバリと勤務していたようには動けなくなってしまう。したがって、ずっと店舗でやり続けてもらうことが困難になる。

そこで考えだしたのが、日本で言うところの「のれん分け」である。

職場で10年以上を体験した店長以上の人財をその対象者とすると決めた。それまでやる気があまりなかった従業員でも、自らが一国一城の主ということになれば、やる気も出てくるはずだ。会社で用なしになったからといってリストラするのではなく、それまで培ってきた知識や技能を新たなビジネスオーナーに置き換えるという方法である。

のれん分け制度を海外ではフランチャイズ方式と呼んでいる。特に従業員を対象に行うための「社員フランチャイズ」制度のスタートである。

藤田田氏はこれまで幾多の会社を見てきて、社長が大金持ちになったことを目にしたことは多々あるが、従業員が大金持ちになったことを見ることはなかった。だから、自分の手を離れた元従業員を、新たな会社の社長にして、その人びとをお金持ちにしようと試みたのである。

社員を社長にして成功に導きやる気を最大限に引き出す

その目論見は見事、実現にこぎつけることができた。

1979年11月に埼玉県の東松山市にある既存の店舗である丸広店を社員フランチャイズ第1号店として従業員に譲り、社内初のフランチャイズ社長を誕生させたのである。それまで一会社の従業員であった者が、一夜にして社長になったのであった。

その社長はその後、店舗に工夫を重ね、さまざまな改善を実施して、以前と比較しても大きな利益を出すようになったのである。

従業員もハッピー、藤田田氏もハッピーとなり、ウィン・ウィンの関係が築かれたのであった。

この成功に端を発して、私の同期の従業員たちも大いに社員フランチャイズに応募して、社長となっていったのを数多くこの目で見ている。各所で彼らに会うことがあったとき、すべての名刺には「代表取締役社長」の肩書がMマークの傍で輝いていた。全員が前途洋々たる将来に胸を躍らせていた。

人の考え方はさまざまである。

人によっては、ずっと会社に勤務してプロのサラリーマンでやっていきたいという人財もいる。その場合、ずっとそのまま継続してやってもらう。しかし、長年店舗で働き続けていると、自分の思い通りに運営ができなくて、半分腐ってしまう社員も出てくるようになる。そんな従業員もフランチャイズのオーナーとなれば、自らのやりたいように店舗を経営できるのである。実際、現在従業員フランチャイズのオーナーで数十店舗を所有する社長も出現するようになっている。

例えば、20店舗が自分の店舗であるとすれば、1店舗当たりの平均年商が約2億円なので、20店×2億円＝40億円もの売上のある企業オーナーとなっているのである。これは、素人がそんなに簡単に手にすることのできる数字ではない。

結果、藤田田氏は幾多の金持ち社長を輩出して、当初の目標を実現している。

このように、従業員の行く先を考慮し、どうやったら自分の味方にできるかを考えることは、結局社従業員のためになり、それが藤田田氏のためにもなっているのである。

その点で藤田田氏は、社長製造マシンであったと言っていい。

法則47

万事塞翁が馬と知るべし

人間万事塞翁《さいおう》が馬、ということわざを知っているだろうか。知らない読者のために少し解説しておこう。

「昔、中国の北辺塞上（国境）の砦に住む一老翁の飼っていた馬が、ある日のこと、胡《こ》に逃げたが、数か月後、胡の名馬を連れて帰ってきた。ついで翁の息子がその馬から落ちて足を折ったが、そのため息子はのちに起こった胡人との戦いにも壮丁としての徴発をまぬかれた」

人生の幸不幸は予測しがたく、幸運を喜ぶに足らず、不幸もまた悲しむにあたらないのたとえ（日本大百科全書）

私は、まさにこのたとえに類似した経験をしたので吐露してみよう。

大学3年生を終了すると、1年間の休学届を出して、カスタムオーダーの自転車をサンフランシスコに持ち込んだ。そこから8か月に及ぶ自転車旅行をニューヨークまで楽しんだのである。旅の目的は、自分の将来について考え、どの職業に就くかを決めることであった。毎日毎日ペダルをこぎながら、ずっとどの分野に進もうかと真剣に考えていた。ニューヨークに到着するときには、私はジャーナリストになろうと決めていた。理由は、私は人間が好きで、人間を相手にする職業を選びたかったからだった。日本に帰国して、大学4年生に戻ると、すぐさま就職活動が全開になった。

大学から推薦状をもらって、新聞社、雑誌社、放送局、テレビ局などの第1次試験を、手当たり次第に受験したのである。ところが、1年間米国に遊学していたから、出される常識問題を解くことができなかった。そのため、すべての企業から総スカンを喰らったのである。結局、米国旅行中に目にしたマクドナルドに入社することになった。日本マクドナルドでは18年間の勤務の後、豪州に移住することになって、最終的にシドニーにやってきた。ここでは工場の品質保証部長の職を得た。そのとき第1冊目の本を執筆して、現在では合計20冊を出版することができたのである。

過去や現状がどうであっても最後に笑えばそれでいい

何が、塞翁が馬かというと、最初はジャーナリストになろうと考え受験するが、受け入れてくれるところがなかった。そこでマクドナルドでハンバーガーを売ることになった。その後、紆余曲折の後、オーストラリアに移住して、幾多の体験をした。そして、時間を見つけて処女作を発表した。それによって、最初思っていた以上の出版物を出すことができたのである。

もし、最初のジャーナリストの試験に受かっていれば、私はたぶん出版物を出していなかっただろう。というのも、文字を扱う仕事についていれば、自分のために本を出そうなどとは考えなかっただろう。それにもまして、業界の人間が出版物を出すことが可能だったかと言えば、それはかなり困難だっただろうと考える。最初で受験に失敗したからこそ、今の自分があり、20冊に及ぶ出版ができたのである。

だから、大学4年生で受験したジャーナリズムの会社に合格できなかったことが今につながって、幸福になっているということなのである。

幸不幸というのは、最後になってみないと決してわからない。だから、もし今あなたが若くていろいろな体験をしているとしたら、それは最後までどうなるかはわからない。

したがって、今現在の自分の幸不幸に一喜一憂をする必要はないのである。今を楽しんで、最後に笑えばいいのである。

法則48

前進の先に成功ありと心得よ

日本経済新聞社の年間優秀製品賞を受賞した製品がある。それがマクドナルドのチキンマックナゲットである。1984年度のことだ。私は幸運にも日本で、この開発に関わることができた。ツイていたと言える。

この商品は、実は米国で開発された。米国マクドナルドの創始者であるレイ・クロック氏は、自分の昼食を提供するシェフとして、ルクセンブルク生まれのエクゼクティブ・シェフであるルネ氏を口説いてマクドナルドに入社してもらったのである。彼はシカゴに来るまではヨーロッパで働いており、エリザベス女王やベルギー国王などにも料理を提供する超一流のシェフであった。シカゴにあるホワイト・ホール・クラブで働いていたところをクロック氏が気に入って、1976年にマクドナルドの商品開発や品質管理の責任者としてスカウトしたのである。

ある日、昼食に出てきたチキンがきわめて美味だった。そこでクロック氏は、これを商品化するように命じたのだ。それがきっかけで、1983年に米国の店舗で売り出されたのである。この商品の特徴は、日本の天ぷら粉を利用した、ふっくらとした仕上がりの揚げ方だった。

これに目をつけたのが藤田田氏であった。早速プロジェクトチームがつくられて、米国ノースカロライナ州のT社・製造工場に私を含めて購買責任者、日本での製造業者の開発責任者、それと米国KFC（ケンタッキーフライドチキン）から引き抜かれた米国マクドナルドのトロッタ氏が参集したのである。ニワトリのひよこから精肉までのすべての工程と最終製品の出来上がりまで、つぶさに調査が行われた。

藤田田氏は、この時点では迷いに迷っていた。というのも、日本のKFCがその1年前に同様な商品を日本市場で出したものの、まったく売れずに撤退していたからだ。従業員に尋ねてみると、ほぼ全員は、チキンの専門会社が撤退したものを、マクドナルドがやってもうまくいくはずはないと反対を唱える者ばかり。そこで藤田田氏は、その商品を実際に試食してみることにした。その結果、「これはいける」とその時点で判断を下したのである。

反対を押し切って販売を決定 その1歩が成功につながる

ゴーサインを出したときは、販売開始の数か月前というきわめて短期間であった。そのため製造機械を船で運んでいたのでは絶対に間に合わない。だから年末年始に貨物便の専用ジャンボジェット機をチャーターして、米国から製造機械を輸入したのである。藤田田氏はチキンマックナゲットの輸入品を50％、国産品を50％の比率に決定した。万が一、売上が伸びたときのために、製造の調整ができる方法を取ったのである。輸入品なら、入手にゆうに1か月かかるからだった。

再び従業員を集め、売れ行きを尋ねてみた。すると10％という数値。そこから藤田田氏は19％をはじき出した。しかし、その売り上げ予想は見事に崩れてしまった。なんと実績値は上振れし、28％にも及んだのである。2月の真冬で、珍しく関東地方に雪が数センチ積もった。そんな中を私は、米国のトロッタ氏に帯同して、ぬかるみの道を製造工場の近くのホテルに数日間行き来した。売れに売れて製造工場も徹夜続きになった。このチキンマックナゲットに関しては全員がまったくの素人で、唯一トロッタ氏のみが専門家であった。彼が製造に立ち会ってくれたおかげで順調に製造ができたのは、幸運であったとしか言いようがない。

当初、2月の発売までに製造会社の冷凍庫に満杯の予定で生産がスタートした。しかし、販売が開始されるやいなや、造る先からどんどんと売れていって、結局、冷凍庫は空になってしまったのである。それがその年の目標1000億円売上に大きな寄与をしたのは言うまでもない。藤田田氏は当初、年商を1004億と踏んでいたが、結局1080億を販売して、前人未踏の1000億円以上を日本で初めて売り上げたのである。大成果ののろしを上げ、雄たけびを日本国中に響き渡らせた。

この成功は、最初に従業員に尋ねたときに事は始まっていた。全員が反対をする中、慧眼を持ってして、藤田田氏が第1歩を踏み出した。だからこそ、この大目標を手中に収めたのである。

すべては目標を高く掲げ、それに向かって歩みを進める。これしか方法はないのである。

チキンマックナゲット大ヒットの経緯

米国マクドナルド創始者
レイ・クロック氏の命令で商品開発開始

↓

KFCの失敗例を受けて
従業員からは反対の声が多く上がる

↓

藤田田氏は迷うも、商品を試食して
「これはいける」と判断

↓

反対を押し切って販売開始

↓

異例の大ヒット

**“勇気を持って踏み出した1歩が
大目標の達成につながる”**

法則49

転職人生を考えておけ

私は日本から豪州に移動すると、ゴールドコーストで日本食レストランの支配人という役職でスタートした。日本国内ではマクドナルドの店長として売上記録を数々打ち立てていた。だからスローフードの日本食でも、新規開店1年目から利益を叩き出すことに成功した。結果、この地でレストラン業界の売上トップは明らかだった。

ゴールドコーストでは、多数の店舗が加盟していたレストラン協会が組織されていた。私の店舗もここに名前を連ねていたので、半年以上の営業で優秀レストランとしてノミネートされるまでになった。ある日、年次の表彰式が開催された。ノミネートされた全レストランは、その場に招待されて、表彰の名前が読み上げられることになっていた。しかし、私の店舗は新規店舗であったため、営業期間が少ないという理由で、この市で従来から営業していた別の店舗が選出された。自社の会計担当の豪州人経理部長が非常にくやしがった。表彰は絶対に自分のところだと、ずっと言い続けていたからだ。

そんな中、シドニーに本社がある豪州マクドナルドのエクゼクティブから声が掛かった。マクドナルドの野菜サプライヤーに品質保証マネージャーが必要なので、シドニーに来てくれないか、というお誘いであった。実にタイミングよく、同時にその野菜工場の社長からも私にオファーが届いていたのである。そこで私はこのレストランを後にして、豪州国内を再び移動することにしたのである。

紹介のあったこの会社は、いわゆる同族会社の典型で、社長が父親、その他の役割を3人の息子が総務、製造、工務に分担して運営をしていた。ところが、品質保証部には人財がいなかったために、私に白羽の矢が放たれたのであった。早速、ゼロから始めて、品質保証部を設立する。そこで私が最初に社長に依頼したのは、大卒のアシスタントを1人、雇用することだった。豪州では2社目の人財募集を体験することになった。多数の応募の中から1人の男子を私の右腕にした。徹底的にトレーニングして一人前にしたのである。

ちょうど1年が経過した頃、彼はニュージーランドに行きたいので辞めたい、と切り出してきた。1年間、私の全精力をつぎ込んだ有能な従業員であった。しかし、辞めるものを引き留めることはできない。

そこで、仕方なしに次の大卒を募集したのである。ここでも多数の応募者があり、大学で食品を学んだ女性を私の左腕として雇ったのである。彼女にも私は全精力を傾けて、一人前のアシスタントに叩き上げた。たまたま野菜関連のセミナーがあり、彼女をそこに講演者として送り出した。すると、あまりにも完璧にプレゼンテーションを行ったので、他社から引き抜きの話が出てしまった。なんと役職も上で、給与は約2倍支払うというオファーだった。私の会社では倍の給料を出すことはできなかったので、泣く泣く、再び彼女を手放すことになったのである。

技術を磨いたらさらに上を目指して自分の価値も向上させろ

私のアシスタント養成では、2回ともまったく同じことが発生した。これを再確認して私はやっと腑に落ちたのである。豪州や米国では、品質保証部アシスタントとして雇われたら、いわば終生アシスタントとして働かなければならない。いつまで経ってもアシスタントなのである。それを打破する方法は只ひとつ。そこを辞めて、新たな職場でタイトルをアップさせていくしかない。それと同時に給与がアップする。

私は、豪州に来てまだ数年であったから、1回目、2回目とも新卒で安価で雇用することを考えた。日本同様、真っさらの状態でトレーニングして一人前に養成する。日本人ならその後、長期間勤務する。しかし、トレーニングを受けた豪州人は、1年間で技術を磨き上げると、すぐに次の職を探してどんどんと転職していくのだ。この事実をいやがおうでも知らされたのである。結局、それしか年収アップにはつながらないからである。だから数年すると、若い人たちは新たなポジションを求めて他社に移動していく。これがここでは当たり前なのだ。

藤田田氏は、この欧米的な人事活用方法は、日本でも早晩始まることをすでに予測していた。だから、日本人も自分の実力をつけて、どんどんと新たな職に挑戦すべきだと常々口にしていた。現在では、それはもう当たり前のようになりつつある。だから、自分に実力をつけて、新たな職に移動していくことは、いわば時代の要請である。そこを割り切る時代に到達しているのである。

法則50

老いを追い出す方法を考え出せ

イタリア北部の中心都市はミラノである。ファッションや工業が著名だ。そこから南方の地方がトスカーナと呼ばれていて、一帯が世界遺産にも指定されている。2009年に、私はチャーターした車でこの地方を訪れた。その南にフィレンツェがあり、その郊外にビンチ村と呼ばれる場所がある。ここは天才画家と呼ばれる、レオナルド・ダ・ビンチの生家がある。行ってみたいところだったので、そこにも寄ってみた。しかし、ひっそりと静まった場所で、あまり見るものはなかった。彼の名前は、実は日本語で言うと「ビンチ村のレオナルド」というのだということを、生家を訪問して初めて知った。

レオナルドは大量のスケッチやメモを残しているが、生涯で描いた絵画は13点であると言われている。一番有名なのはパリのルーブル美術館にある「モナリザ」であるが、その微笑と共に謎とされているのがモデルである。それ以外に世界的に有名なものとして、ミラノのサンタ・マリア・デッレ・グラツィエ修道院の食堂にある「最後の晩餐」がある。キリストが12人の弟子と食事をとり、「この中に私を裏切る者が1人いる」と予言をしたことで、弟子たちが騒然としているところを絵画にしたといわれる名作だ。

ルドヴィーコ・スフォルツァ公から依頼されて1495年に開始し、3年後の1498年に完成した。縦4・2メートル、横幅9・1メートルの大作である。12人の中に最年少のヨハネがいた。レオナルドは、これを描くときに1人の男性を選んでモデルになってもらった。その後、順番に他の11人の使徒を描いていった。しかし、最後の裏切り者のユダだけはどうしても適当なモデルがいない。ずっと悩んでいた。

ある日、レオナルドがミラノの街を歩いているとき、ふと出会った1人の男の顔が、その裏切り者にイメージがぴったりと合致したのである。そこでレオナルドは彼に近寄って、「ぜひ自分の絵画のモデルになってもらいたい」と申し出たのである。モデルの男は修道院に同行した。「最後の晩餐」の前に連れて来られたとき、突然、彼は大粒の涙を流したのであった。実は、彼こそが最初に描いたヨハネのモデルその人であった。3年という月日が聖人の顔から裏切り者の顔に変化させてしまっていた。その事実を知って男は泣いた。このように、人間は環境によって、その表情を大きく変化させてしまうことがある。

精神年齢を若く保つことでいつまでも若くいられる

これとはまったく逆の実話がある。私が中国に出張で出かけたときの貸し切りバスの中での話である。グループの中の関係者で、フィリピンからやってきていた農業従事者の若者が、私の隣の席に座った。そこでとりとめもなく世間話をしていた。その中でたまたま年齢の話が出た。彼は見かけはかなり若く、20歳の半ばだと思っていた。ところが実年齢を彼が明かしてくれたことで、バスの中が大きくどよめいた。みんなが驚くはずだ。彼は実は42歳だったのである。そのヒミツを尋ねると、パパイヤだと教えてくれた。毎日、皮と果肉と黒いタネごと一緒に8分の1ほどの大きさを毎日食べていた。私も一時期見習ってやっていたことがある。そのときには、やはり私も年齢を若く見られた。

藤田田氏は、ビジネスマンは健康が一番大切だと日頃から口を酸っぱくして断言している。それは言うまでもなく、自分の実年齢よりもはるかに若く見られて、しかもエネルギッシュに働いていけるかどうかにかかっている。いぶし銀のような年老いた人物ではなく、現代ではフレッシュさを前面に出したリーダーが求められている。

私が思いつく年齢をとらない方法は、次のものがある。

①パパイヤ健康法‥前述
②年齢詐称法‥年齢を尋ねられたら冗談のように意識的にかなり若く言う。
③誕生日忘却法‥誕生日を忘れてしまう。誕生日に年齢を数えたり、意識したりしない。
④老人呼称禁止法‥孫ができても、自分からは「ジイジ」とか「バアバ」(おじいちゃん、おばあちゃん)と呼ばない(「大お父さん」、「大お母さん」と呼ばせる)。
⑤大笑い法‥お笑いの番組を観て大いに笑う。自らも笑いを仕掛ける。川柳をつくる。

要は、人間の若さというのは実年齢ではない。それぞれ個人が何歳だと思って活動しているかの精神年齢のことなのである。

法則51

ポジティブがポジティブを生む

昔むかしの話。

1人の旅人がある村に到着した。道を歩いていると、ある家の前で老女がさめざめと泣いていた。旅人はなぜ泣いているのかを尋ねた。

「よくぞ聞いてくれました。私には息子がおりまして、洗濯屋をしています。今日は雨で洗濯物を乾かすことができません。それを考えると、悲しくて悲しくて、どうしても泣けてくるのです」

旅人は慰《なぐさ》めの言葉をかけて仕事に出かけた。翌日、雨が止んで晴天になった。同じ家の前を通ると、昨日の老女がまたさめざめと泣いている。旅人は声を掛けた。

「おばあさん、今日は晴れましたよ。どうして泣いているのですか」

老女は応えて言う。

「よくぞ聞いてくれました。私にはもう1人息子がおりまして、傘屋をやっています。今日はこんなに晴れたので、さぞ傘が売れないだろうと考えると、悲しくて悲しくて、どうしても泣けてくるのです」

そこで旅人はこの老女に対してこう言った。

「こんなに晴れたら、洗濯物はさぞ乾いて、洗濯屋の息子が喜んでいるだろう。もし雨が降ったら、傘がたくさん売れて傘屋の息子はさぞ喜んでいるだろう。こう考えたらいかがですか」

老女は旅人に感謝を込めて返事をした。

「ありがとうございます。これからそう考えるようにします。これで毎日をこころ安らかに過ごすことができます」

人間は不幸があると、その不幸にばかりフォーカスして、マイナスの方ばかりを見てしまいがちになる。この話のように、ものごとは見方によって、まったく異なって見えるのである。硬貨の表がプラスだったら、その裏側はマイナスであるというようなものだ。普通マイナスのことをネガティブと言い、その反対のプラスのことをポジティブと呼んでいる。

ポジティブを口にするだけで ポジティブな結果が出る

私は1981年から10年間、合気道の道場に通って黒帯を取得した。その体験から言えるのは、「私はできない」と言って技をかけると、絶対に技がかからない。ところが、「私はできる」と言葉を180度変えるだけで、簡単に技がかかってしまうのだ。まったく同じ体勢で、ただ言葉だけが違うだけで、これだけ違った結果になる。つまり、できないとネガティブに考えて「私はできません」と言葉に出してやった場合には、100％できなくなってしまう。反対にポジティブに考えるだけで、容易にできてしまうのである。つまり、ポジティブな言葉からしかポジティブな結果は出てこないことがわかる。

この法則を効果的に操っていたのが藤田田氏であった。

「ハンバーガーの味付けはケチャップとマスタードで売れる」と断言して、醤油味などには一切聞く耳を持たなかった。結果、それが正しいことを事実で示した。

次いで「100店舗をつくる」と大風呂敷を広げて前進した。つまり、これらはポジティブな言葉である。それを達成するや否や、次々に新しいポジティブワードを繰り出しては、ポジティブな結果を出し続けていったのである。

結果、店舗数や売上でも、日本マクドナルドは米国に次いで世界で第2位の規模を誇るようになった。

ポジティブな事象はポジティブな言葉からしか生じない典型的な例が、ここで示されたのである。

ポジティブの連鎖を生み出す手法

物事にはプラスの面とマイナスの面がある

+
洗濯屋は
儲かる
晴れ
−
傘屋は
儲からない
−
洗濯屋は
儲からない
雨
+
傘屋は
儲かる

このとき、プラスの面に注目することが
ポジティブになるための第1歩

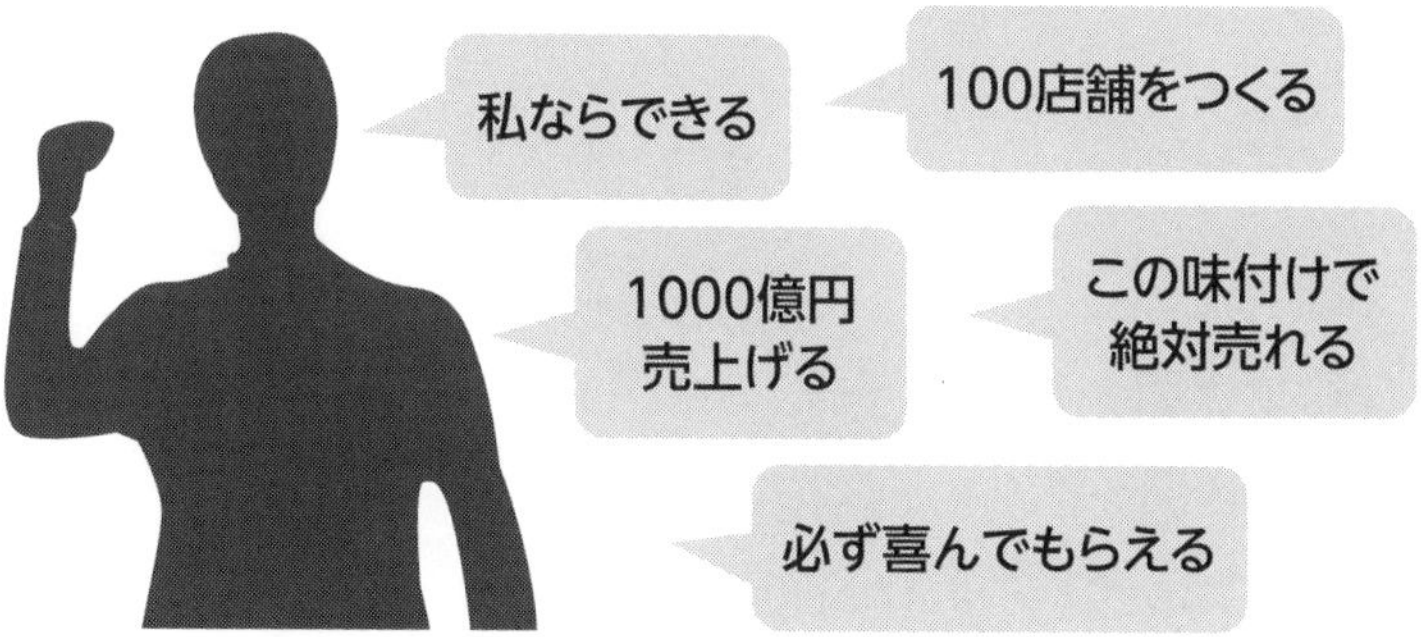
私ならできる
100店舗をつくる
1000億円
売上げる
この味付けで
絶対売れる
必ず喜んでもらえる

**“ポジティブな言葉が
ポジティブな結果を引き寄せる”**

法則 52

モノはすでに世の中にある

藤田田氏の社長室はいつも整然としていた。西新宿副都心の一角に新宿住友ビルが建設された。日本で第2本目の高層ビルだった。その44階に本人の部屋を準備する。1974年3月に竣工した後、すぐにマクドナルドの本社を新橋からここに移動させた。15・63坪の広さがある部屋に、応接部分と自分の執務室を分けていた。米国の社長室のように、いつもドアを開けておいて、社員がいつでもやってくることができる、オープンドア・ポリシーを持っていた。とはいうものの、藤田田氏は超多忙な過密スケジュールに囲まれており、一介の従業員が簡単に面談できるものではなかった。

時に呼ばれて社長室を訪れると、社長の執務デスクに置かれた2つのレターケースがすぐに目に飛び込んできた。そこには大きな文字で次の単語が日本語で印刷されていた。ひとつは「未決」、もう一方が「既決」であった。ところが、いつ訪問しても、どちらにも書類が入っていない。一度だけ、書類が「既決」に1部残っていたことを見た経験がある。しかし、それ以外はすべて真っさらのレターケースであったのだ。というのも、藤田田氏は書類を手元に置くことを極端に嫌っており、即断即決を旨としていたので、目を通したら決定して、すぐさま「既決」のトレイに入れていたからだった。この決断の仕方は、とにかく見事としか言いようがない。後年、私もこれを真似するようになった。

そんな片づいた部屋の中が、おもちゃ箱をひっくり返したようになる時間がある。それは、いろいろなところから持ち込まれたり、自分で買い集めたりしたものなどを、机の上にぶちまけるときであった。そのときの藤田田氏はとにかく笑みを満面に浮かべて、まるでガキ大将でもあるかのように新製品を眺めては触っていた。そのひとつが、有名会社が製造したデジタルの腕時計で、当時は斬新であったので大そう喜んで腕につけていた。というのは、デジタルだから必ず数字で時が示される。それが藤田田氏の数字好きに火をつけていた。今なら、さしずめ腕時計型のコンピューター・ウォッチである。現代に生きていたらさぞ感きわまって、周囲に見せびらかしていたに違いない。

既存のモノを改良して新しいモノを生み出す

藤田田氏が、日本から米国に輸出しようとした工業製品がある。それが、現代ではどの商店もホテル・店舗も使っているＰＯＳである。これはポイント・オブ・セールスを略したもので、販売時点でその商品情報がデータ化されて、店内のマスターコンピューターにインプットされるという金銭レジスターである。

私は１９７９年にカリフォルニア州に派遣された。新しくできた日本マクドナルド社１００％所有のマクドナルド・サンタクララ店のカウンターで働いたとき、すでにカウンターの上には米国製のＰＯＳが６台並べられていた。ところが、これがどうしようもない代物だった。というのは、使用中に突然故障するのである。それが１台ではない。それぞれが、いわば順番に故障して、修理までに１週間程度は使用できないという状況が頻繁に起こっていたのである。特に、会計計算中にダウンされるとお手上げだった。そこから電卓を持ち出して、手計算で金銭の授受をしなければならなかった。いわば品質の低い典型的な昔の米国の機械だったのだ。もっと高品質のＰＯＳ

がどれだけほしいと思ったかわからない。

藤田田氏はこんな状況を理解していたので、それなら「日本の技術でこのPOSをつくってしまえ。そして高品質な製品を米国に逆上陸させてやろう」と、おもちゃ好きの魂がむくむくと頭をもたげてきたのである。そこで藤田田氏は現パナソニック（松下電器産業）の松下幸之助氏に直談判して、プロジェクトを立ち上げたのである。それから数年かけて、日本の各店舗で実験使用が行われ、そこから上がってくる情報で改善が加えられた。その甲斐あって藤田田氏のPOSは、1994年には米国のマクドナルドの店舗に2万台採用された。1980年初頭には、日本製の製品はまだ米国にはなかった。しかし、時代の進展と共にそれが現実化し、目の前に出現することになった。

ライト兄弟は飛ぶ鳥を見て飛行機を考えた。これもその時点では世の中にはなかったものだ。しかし、「空飛ぶ機械」は歴史の中で出てくる運命にあったのだ。結果、発明家がそれをつくって世の中に出すことで出現する。

藤田田氏は、それをよく理解していた。だからさまざまなものを考えて世の中に出していった先駆者であった。モノがすでに世の中にあることを心眼で見ていたのだ。

法則53

メモは偉大な力を発揮する

藤田田氏はメモ魔であった。

メモ魔になるために、どうしてもやらなければならないことがある。それが他人との接触である。そのために、とにかく見知らぬ人と会話をする。ことあるごとに、それを大いに勧めていた。特にタクシーの運転手との会話、鉄道や飛行機で隣の席に座った乗客とのコミュニケーションである。私も藤田田氏の教えでやってみた。

大阪にはこんな挨拶がある。

「もうかりまっか（商売どうですか、儲かっていますか）」

商人の街だから相手の懐具合が気になる。そこでこんな問いなのだが、それに本気で応えたら争いになる。だから「ぼちぼちでんな」と言う。つまり「まあそこそこだ」と返答するのである。これならぼかしているので喧嘩《けんか》にならない。これをタクシーの運転手に使うのだ。

「もうかりまっか」と聞くと、運転手は必ず返答してくれる。「世の中の景気が悪くなったので、タクシーに乗る乗客が少なくなった」とか、「昔は1万円を出すお客さんが多くてうるおっていた」というような応答だ。タクシーの運転手は1日80人から100人くらいの客を乗せるので、かなりの情報を持っている。時には有名人を乗せたという話があったり、こんなことがこの街で流行っていたりするというようなことだ。それをメモする。

新幹線に乗っていたら、新神戸から50歳前後の女性が乗車してきて、京都で毎月1回のセミナーに参加するという。主人を連れていくと煩わしいので、いつも自分1人で出かけるという。会場にはなじみの友人ができて、京都でいつも会食をして帰宅するのだと話してくれた。これからこのようなセミナービジネスに活路があると知らされる。

シドニーからサンフランシスコに行く飛行機に乗ったら、隣の米国人の男性と車の話になった。2005年だったので、米国で当時一番人気の車は電気とガソリンの日本製ハイブリッド車であるという。半年以上待たないと入手できないとのこと。

2009年から日本で仕事をしたときに、同じハイブリッド車が1年以上待たないと入手できないと知った。つまり、こんな情報をいち早く手に入れていたら、その会社の株式に投資すれば、結構な利益を得ることができたということになる。

何気ない会話のメモでも成功のヒントが隠されている

これらの情報は、いわば単発の情報なので、それだけではホントであるかどうかはわからない。また、利用できるかもわからない。しかし、その知識を広げていくと、これまで見えていなかったものが見えることがある。それを活用するのである。

私はマクドナルド時代に品質保証部のマネージャーを8年間やって延べ2000社の食品、紙製品の工場を指導したことがある。そのとき1工場、1工場を見ると、それぞれが独立しているので、出てくる課題は千差万別の様相を呈している。しかし数年が経過して、じっくり鳥瞰《ちょうかん》してみると、工場は違えども根本の問題点が同じであることを発見したのである。

だからそれらを大別して、それぞれの単元にしてまとめたら1冊の本にすることができた。脈絡のない事実を積み重ねていくと、そこに同系列の根本課題があり、それを解決すると問題が改善できたのである（『フード工場千夜一夜物語』日経BP出版センター刊）。だから小さなメモをバカにしてはいけないのだ。

藤田田氏は個人的なメモだけではなく、会社ぐるみでメモを活用していた。それが本社従業員に行う、月間3店舗の「店舗レポート」の提出であった。例えば本社・本部社員が500人在籍していたとしよう。すると、1人3回の報告なので、月間にすると、500×3＝1500の報告書が出てくる。これが1年間だから、1500×12か月＝1万8000の膨大なレポートの数ということになる。これを整理したら、たちどころに自社の課題、問題点が浮き彫りになるのである。

これはもう、利用しない手はないだろう。こういった地道な積み重ねが成功への足掛かりになることを、藤田田氏は熟知していたのである。

法則54

人は歴史によって創られる

『フォーブス』という米国の経済雑誌がある。そこで毎年、世界の億万長者のランキングが発表される。2019年の1位と2位の資産額が発表された（1ドル＝110円換算）。

①ジェフ・ベゾス＝1310億ドル（14兆4100億円）、アマゾン創設者
②ビル・ゲイツ＝965億ドル（10兆6150億円）、マイクロソフト創設者

ご存じの通り、両者ともコンピューター関連の企業関係者である。1位のアマゾンは、もしこの世の中にコンピューターやスマホがなければ、売上を上げることは不可能であった。当然、資産額世界1位などという栄誉も受けることができなかっただろう。

2位のビル・ゲイツとて同じである。

ちょっと深読みして考えてみよう。もし、この2人が100年前の1920年に誕生していたと仮定する。するとどうだろう。1929年は、世界大恐慌の発生した年だから、恐慌時には9歳である。その10年後の大人となる19歳には、ちょうど第2次世界大戦が勃発している。戦争に駆り出されていたかもしれない。

ジェフ・ベゾスもビル・ゲイツも、現代においてコンピューターのOSを創造したり、新たなビジネスをつくったりということになっている。だから誰しもが、彼らが歴史を創ったと考える。しかし、100年前に生まれていたとしたら、彼らは単なる若者で、コンピューターの歴史を創ることはできなかったと言える。

つまり、彼らが歴史を創ったのではなく、歴史が彼らを創ったのである。

その時代の歴史が導いて新しい自分をつくり出す

こう考えてみると、マクドナルドの創始者のレイ・クロック氏も、日本の創始者の藤田田氏も、マクドナルドという歴史を創ったのではなく、歴史が2人を創ったと言えるのである。

彼らの出会いを考えてみよう。日本マクドナルドは1971年にスタートしている。だからその数年前に出会いがあった。

米国マクドナルドは1971年には、国内で1500店余りを開店していた。当時、国内展開から海外戦略に舵を切り始めたところで、この年に海外でスタートしたところは、オーストラリア、オランダ、パナマ、ドイツとなっている。日本も含まれていた。世界で4番目に豪州が開店し、日本は5番目となっている。その後、世界各国にマクドナルドが徐々にできていった。

もしレイ・クロック氏が、1955年にシカゴでマクドナルドをスタートしていなければ、藤田田氏とも遭遇していなかっただろう。1971年に5カ国を海外戦略として展開していなければ、藤田田氏とは会ってはいないだろう。また、クロック氏が300人以上の日本人と面談していなければ、藤田田氏を得ていなかった可能性が高い。あるいは、300人以上の中で、クロック氏が気に入る候補者がいて、すでに日本のビジネスを他の誰かにさせていたとしたら、藤田田氏の出る幕はなかったということなのだ。

つまり、これらはそうなるべくしてそうなったのだが、どう考えても時間やタイミングという歴史が2人を創造したのである。

だから、その観点で考えると2人が歴史を創ったのではなく、やはり歴史がクロックと藤田を創造したのである。

私とて同様である。米国に自転車旅行をしていなければマクドナルドを知る由もなかった。当然、マクドナルドに入社しなければ藤田田氏を知ることもなかったので、本を書くことなど考えられなかった。今このように書いているのも時間とタイミングで書いているのであり、結果、歴史によって自分が創造されているということになる。

私のある女性読者とて同じであった。私の藤田田氏の本に触発され起業してアントレプレナーとなった。その結果、自らの会社の社長になったのである。すべてが歴史によって創られていったことを理解するなら、今行動すべきは何なのを吟味する必要がある。

人の運命は歴史によって左右される

もしも、ビル・ゲイツが違う時代に生まれていたら……

実際の歴史

1955年に
ビル・ゲイツ誕生

↓

裕福な家庭で
のびのびと育つ

↓

パソコンと出会って
プログラミングを学び、
やがてWindowsを開発

↓

Windowsが
大ヒットして世界有数の
お金持ちに

仮定の歴史

1920年に
ビル・ゲイツ誕生

↓

裕福な家庭に生まれるも、
1929年の世界恐慌で
一気に極貧生活へ

↓

1939年に第2次世界大戦が
勃発し、ビル・ゲイツも
戦争に駆り出される

↓

健闘むなしく戦死する

どんな天才も、生まれる時代を間違えれば
成功者にはなれない

**“歴史という大きな流れに沿った
行動が求められる”**

法則55

逆転して発想せよ

藤田田氏はビジネスマンとして優秀だっただけではない。類稀《たぐい》なる講演家としての才能は誰にも負けないものを持っていた。

だからとにかく話がおもしろい。引く手あまたであったのは言うまでもない。当時、90分の講演で100万円が謝礼であった。ところが、それらの講演料は藤田田氏が受け取る年収に合算されて税金ががっぽり国税局に取られてしまう。実際に手取りになるのはたった10万円であった。「こんなことしてるから日本人はホントの金持ちにならへんのや」と嘆いていた。

そんなことで、本人の出身校の北野中学（現北野高校）で講演を依頼されたときに、無償で引き受けた。当時、藤田田氏は他の2名の高名な講演家とタッグを組んでいた。その1人から電話をもらった。「藤田さん、あんたは会社の社長で給料もらってるからいいけど、私らこれで商売してるんや。藤田田さんが無料で講演を引き受けてくれたので、私らにもタダでやってくれと言われて困ってんのや。やめてくれるかな、無償でやるのは」とクレームがついたので、それからは必ず報酬をもらうようにしたと、苦笑いしていた。

そんな講演会での話。講演の最後に質問がある。そこで漬物屋の社長が尋ねた。「漬物の商売が年々縮小している。将来はどうしたらいいのか」と言う。そこで藤田田氏は次のように応答した。

「まず、顧客は誰かを考えなければならない。漬物は年寄りしか食べないと思っていないか。江戸時代から使っている旧態依然としたパッケージで売っていたら売れるわけはない。外見だけで見たら何を売っているのかわからない奇抜な包装にしてみる。ネーミングも漬物は英語でピクルスというから、そんな名前に変えてしまう。日本人がこんな島国で2000年以上も生きてこられたのも、漬物を食べてきたのが一因だ。ピクルスの中にある酵素によって元気になってやってきたのだ。だから酵素が必要なのだ。その酵素はこの食品の中にある。そう言って若者にアピールするのだ。漬物の前途は洋々としているのだ。私なら明日から売上は倍だ」

そのとき同時に、ふすまも売れないという質問が出された。

そこで、「売る方法がある。日本には他国にはない四季がある。だから春のふすま、夏のふすまという具合に四季のふすまを造って売る。春には桜、秋には紅葉というようにデザインする。一流ホテルに行って、顧客サービスとして四季のふすまを入れなきゃいけない、といってプロモーションするのだ。そうすれば買ってくれるはずだ」と、藤田田氏はサジェストしたのである。

売れるものと売れないものは表裏一体にある

ここにオセロゲームがあるとする。白を売れる条件として、売れない条件を黒とする。すると人間は売ろうとして、白だけに目を奪われる。その裏に売れない黒があることに気づかない。質問の例で言えば、時代にそぐわないパッケージが黒なのである。黒を見て売れない売れないと騒いでいる。ところが、その黒をひっくり返すと、つまりパッケージデザインを奇抜に変化させると白になって売れるようになるのだ。

ふすまの例なら、一度買ったら買い直しがない、とするのが黒の考え方である。ではなく、ふすまは季節で変化させるのが当たり前という考え方にさせるのが、ひっくり返した白の考え方なのである。このように、売れない黒をどうやったら白にひっくり返すことができるかなのだ。

売ることを考えるとき、売る方の白だけを考えるのではなく、売らない方法は何かというように黒を見るようにする。そうすれば、売れない条件をひっくり返したら、白の売れる方法が見えてくるのである。

法則 56

目利きになるまで没頭せよ

私は1990年に豪州のゴールドコーストにやってきた。それまで東京で合気道を9年間やって、黒帯をもらい受けた。

この地にやってきて、落ち着いた頃、ここでも合気道場があることを知って早速弟子入りした。1時限目が合気道で、2時限目が居合道であった。先生は合気道5段のスミス先生。居合は、東京で正月の演武で「太刀取り」のときに日本刀を見るくらいであり、まったくの門外漢であった。居合刀がないので、木剣を使って形だけを学んだ。

その後シドニーに移動して、日本に戻る機会があり、名古屋市の徳川町に刀剣商があることを友人から教えられた。そこで早速居合刀を買いに駆けつけたのである。

ところが居合刀というのは、それぞれの所有者の背丈に合わせてオーダーメードで制作しなければならないということをそこで知った。とりあえず注文を入れた。

その店舗には数百万円はするという古刀から、数十万円程度の最近制作された新刀までが陳列されていた。店主は私に、「刀を見ていきますか」と尋ねてきたので、とりあえず見ていくことにした。

日本刀は、古代から自分の身を護るだけでなく、美術工芸品としての芸術作品なのである。戦の実用面でみると、「折れず」「曲がらず」「よく斬れる」というのが日本刀の特徴である。それ以外に芸術品としての価値がある。それを判断する判定人のことを「目利き」と言う。

目利きになるには、とにかくホンモノを鑑賞し続ける。何度も何度も見て、また数多くを鑑賞していくと、刀から出てくるオーラのようなものを見分けることができるようになるという。

そうなるためには、とにかく自分を忘れて刀に没頭し、刀と一体になることが求められる。

とにかく著名な真剣を見る以外には「目利き」になる方法はないのだそうだ。

ホンモノを見続けることで自分の力を養っていく

ここでレイ・クロック氏が藤田田氏を選定したエピソードが思い起こされる。

クロック氏は藤田田氏に会うまでは、300人以上の日本人と面談を実施した。誰1人としてクロック氏のおめがねにかなう人はその中にいなかった。ところが藤田田氏と会うや否や、5分間で自分のパートナーとして日本を任せると言ったのである。

つまり、クロック氏は人間の「目利き」であったのだ。300人の中にはホンモノがいなかったということになる。

米国人も日本人も、人間という点では一緒である。しかし、人種が違い、容貌も違うし言語も異なる。そんな中で人選をするというのは並大抵ではない。

私も、日本でも、米国、豪州で採用面接を実施した経験を有しており、その中からこちらの要望に合致する人財を選定するのはかなり困難を伴う。ましてや新規のアジアの国に、初めてハンバーガーを輸出するわけで、この選択を誤るといわば命取りになる可能性があったということである。

ここで人間の真贋《しんがん》を見分けることのできる「目利き」の才能をクロック氏は持っていたことを証明したと言える。

また、選ばれた藤田田氏も、単なる幸運だけではない。

「目利き」に合致するホンモノの能力を備えていたことが、世界で第2位の店舗数を育んだ源泉であったと言える。

「目利き」を目指せ。

没頭してホンモノが見えるようになるまで自分を鍛える必要がここにある。

法則57

遊びも一流を目指せ

私は1971年に自転車をばらして袋に入れ、木の枠に詰めて客船に乗せた。神戸発のホノルル経由サンフランシスコ行きのクルーズ船だった。米国アメリカン・プレジデント社ウィルソン号。184航海目であった。この船はエリザベス2世が乗船されたり、日本の元天皇が利用されたりしたもので、つとに有名である。そんなこととは知らず、偶然にこれを選んだのだった。船を選んだ理由は、自転車と持ち込む荷物が100キロ以上になるので、船でしか運搬できなかったという事情が最大だった。

神戸から横浜に着岸してホノルルに向けて霧笛が鳴った。私にとっては人生で初めての海外旅行だった。だから自分の身の回りに起こることは、すべて初めてのことばかりであった。当時のドルレートは360円。3等で運賃片道355ドル、日本円で12万7800円だった。2週間の旅だったので、1日当たりほぼ1万円。当時の大卒の初任給が3万円と記憶しているので、4か月分に当たる船賃だった。2019年現在の初任給が21万円とすると、84万円が換算金額となり、今になってみると結構高価な旅であった。

当然、乗船客は一見してお金持ちばかりだった。唯一私が貧乏人だったと言える。朝と昼はカジュアルな服装だったが、夜は毎晩スペシャルナイトで、目を丸くするばかりだった。豪華で、しかも華麗な場面が目の前に繰り広げられた。一晩は「ブラックタイ」と呼ばれる服装の夜。この文字が書かれていると男性はタキシード、女性は黒の肩を出したイブニングドレスという決まりになっている。カジノナイト、ダンスショー、マジックショー、有名歌手の舞台と、毎晩がエンタメの連続で、乗客を飽きさせない工夫が繰り広げられた。初めて接した目の前で起こる米国の文化に、カリフォルニアのハリウッド映画の息吹を感じた。

一流を経験することで批評する力がつく

私がラッキーだったのは、この航海がウィルソン号の最終クルーズだった。だから、通常は1等船客と2等・3等船客は完全に分離されていたが、最終クルーズということで、等級間は関係なく行き来が自由だったこと。そのため私は絶対に会うことのないだろうと推察される人たちとも会話することが可能だった。

結局、社交ダンスクラブに参加した結果、インドの大富豪の娘とダンスパートナーとして練習させてもらえたのである。大げさに言って、これがいわば私の米国社交界へのデビューとなった。

藤田田氏は、もうすでに日本はモノの時代ではなく、事の時代に移り替わったと看過している。いわゆるブランド品は世の中に行き渡り、それを所有していてもステータスシンボルではなくなった。それよりもブランドではなく、一つひとつの手づくりのすばらしい製品が国内で販売されるようになっている。人びとはそれらを買い求めて、個人で楽しむ時代に変化しているのである。

これからはブランドバッグを持つ時代は終焉《しゅうえん》を迎え、一流の遊びを求める時代になっていく。幸運にも私は学生時代に、世界の大金持ちしかできなかったクルーズ体験をすることができた。だから、どんなクルーズ船にでも乗れる自信があるし、またボールルームパーティ（舞踏会）にも参加するだけの度胸はついた。これからは、モノではなく一流の体験をしたかどうかが問われる時代になっている。

世界には幾多のホテルがあるが、その中でもトップ級と言われるホテルがセブンスターをつけられたホテルである。そのランクのホテルは世界には数か所しかないといわれているが、私はドバイとミラノで宿泊や食事を体験した。これらも藤田田氏曰く、一流の遊びの一環であるとも言える。

これらのホテルを体験していると、いわば最高峰の山を征服したのと同じであり、そこから他のホテルを見ることで、それぞれのホテルを批評することができるようになる。

モノから事に移行する時代、どうやったら一流の遊びができるかを体験しておくことは、そこからビジネスチャンスを見直したり、どうやったら提供できたりするかがわかるようになる。

法則58

義理と人情を理解せよ

藤田田氏は大阪生まれの生粋の大阪人である。大学は東京大学だったが、大阪人特有の大阪弁が時として会話の中に出てくることがあった。やっぱり大阪生まれを隠せないなと思った。これが外交官の道をやめて商売人になった理由であると、本人は述懐している。

しかし藤田田氏は、むしろ「日本はすべて大阪人が引っ張ってきたのだ」と胸を張っていつも力説していた。私も大阪生まれなので、大阪人であることを誇りに思ってきた。だから藤田田氏の考え方に賛同するところが大いにある。

シドニーをはじめ、海外に居住してみると、日本をいわば冷静な観点で見ることができる。その中でも困難な説明のひとつが、「義理」と「人情」というこの2単語である。この解説には、欧米と日本の仕事への取り組みを考えてみなければ理解できないところがある。

　私は日本、米国、豪州でビジネスを体験した。そこから概して言えるのは、欧米社会では、結果が数字で示され、その達成が一番重要であることだ。例えばある年、インドでビジネス会議が計画されていて、それに対して準備をしていた。ところが直前1か月前に本社からキャンセルの通告があった。それは会社全体の業績が芳しくなかったので、急遽取りやめたというものである。売上目標が達成されそうになかったから、年次の会議を不必要と判断し、節約したのである。

　ところが、日本なら売上目標達成がなされないと、株式市場の下落だ、社会全体の消費性向の冷え込みだ、はたまた冠婚葬祭があったので商売に時間がなかったなど、なんだかんだと理由がつけられて、何かと話が丸めこまれる。つまり、欧米の数字に対して、日本の情緒ということになる。

　あるいは、日本では義理ある人の息子だからといって、トップの人に電話をかければ、入社試験に受かるというようなこともある。これがいわゆる「義理人情」である。藤田田氏は、外国人に「義理人情」を説明するときには、「母親猿が子猿を抱えて、木と木の間を移動するようなものだ」と説明すると話していた。自分の身内だからしっかり見守ってやるということである。

義理と人情を有効的に使って大きな成果を達成していく

私は豪州の工場で品質保証部の責任者をしていたとき、トレーニングも実施していた。その従業員の出身国を調べると30カ国以上もの数を数えた。学歴を見ると、最低は小学校の中退から大学卒まで千差万別である。それぞれの言語も違えば、共通語であるはずの英語すら理解できない人びとが働いていたのである。それをまとめて品質を一定にすることを伝達するのに、どれだけ困難を覚えたかわからない。

ところが、日本に新しい食肉工場ができるので、私がその工場長に推挙されたとき、すぐに日本人の顔が浮かんできた。それは、日本人という1民族、言語は日本語で1カ国、宗教はおよそ仏教信者か無神論者、国籍は日本人、学歴はほぼ高卒以上。まさに単一の民族そのものである。私はラッキーだと思った。シドニーの工場作業員と比較すれば、情報伝達に関わるエネルギーは、かれこれ10分の1でいいと思った。これらの利点を大いに利用させてもらった。その結果、5年後には総務大臣賞受賞を収めることができるまでになった。

日本は周囲を海で囲まれているため、いわば孤立しているので、他国との関係が欧州や米国のようにはない。だから世界の各国と比較した場合、日本人は自分たちがどれだけ優秀な国民であるのかを理解していない人たちが多い。そこを藤田田氏は、掘り返し、加えて「義理」と「人情」を併せて活用して、大きな成果を上げることに成功したのである。

欧米の効率的な手法と、「義理人情」を含む情緒的な手法をアレンジすることで得るものは無限大なのである。

おわりに――田流思考法を活用せよ

藤田田氏の思想や行動は本文に記した通りである。私は大学を卒業して偉大なビジネスマン、リーダー、思想家である藤田田氏を、自分のメンターにできたことをこれほど幸運に思ったことはない。実際、いろいろな企業を訪問して、その社長に面談する機会は数え切れないくらいあった。そんな中、その人物とすぐに比較するのが藤田田氏であった。どんな言葉を発するか、どんな考え方を有しているか、どのように世の中を生きているか等々、比較するべきことは多々あった。しかしながら、これまでに遭遇した企業のトップと藤田田氏を比べてみても、藤田田氏を抜きん出る人を見たことがない。要は、どれだけ器が大きかったかということを示していたのである。

そんなことをくどくど述べるよりも、私が耳にした藤田田氏の言葉を挙げて最後を締めくくりたい。

その前に、藤田田氏を日本のリーダーとして発見したレイ・クロック氏の言葉を最初に挙げておこう。

クロック3原則

【勇気をもって　Be Dering
誰よりも早く　Be First
人と違うことをやれ　Be Different】

藤田田流思考法

【凡眼には見えず、心眼を開け。好機は常に眼前にあり】

目の前には果てしなきチャンスが広がっている。それをただ凡人の目で見ていたのでは、見えるものも見えないのである。それを見るためには、心の中にある真の目でしか捉えられない。その心眼を養成するため懸命になれ。

【今日来たお客様は明日来ないかもしれない。今何をすべきか、それがこのビジネスの

すべてである】

これを称して、ライトナウビジネスRight Now Businessという。今という一瞬一瞬に精力を傾けて精いっぱいやる。ビジネスには、それしかないのである。

【首将全軍の先頭にあり】

軍隊を率いる将軍は部隊の最前列にあって、すべてを見渡し、状況を判断しながら、どう進軍するかを決定するのである。陣地に引きこもっていては、自陣を勝利に導くことなどできないのである。

【身を粉にするな、頭を粉にせよ】

やみくもに体だけを動かして、それが仕事だと勘違いしている人びとがいる。そんな非効率的なことをするのではなく、頭脳をフルに回転させて、どうやったら一番いいやり方があるのかをしっかり吟味せよ。その後に体を動かすようにするのだ。

【常在戦場】

ビジネスの世界においては、どの場所にいても、そこが戦場なのである。特に社長やトップと呼ばれる人間にとっては24時間勝負であり、最初から休みなどないと覚悟しておくのがいい。戦場では休むことなどできないのだから。

【勝てば官軍】

幕府にたてついた賊軍が勝利を収めたとたんに官軍となる。官軍だった軍隊は賊軍に落ち果てる。勝負にはどうしても勝たなければならない。そのために今何にをするか、将来に何をするか、絶えず考え続けなければならない。戦に勝てば結局官軍となるのだから。

【夜明けのこない朝はない。しばし待てば暗い闇の後には明るい朝がやってくる】

今、闇の中の真っ最中にいたとしても、時間の経過で朝になれば太陽が出てくる。もし今不運な境遇にあったとしても、その暗闇を一時待てば、朝がやってきて明るい陽射しが差してくるのだ。時には暗闇を待つこともも必要なこともあるのだ。

【人間は裸で生まれ、裸で死んでゆく】

所詮人間は裸で生まれてきて、死ぬときには裸になって死んでいく。今、生を亨けたこの世の中の最終は死ということである。いつ死んでもいいように最善を尽くして生きていく。そして、最期にすばらしい人生であったと言って笑って死んでいく。そうなるよう今を楽しんで悔いが残らないように生きていくのみである。

最後に、この書を手に取った読者が藤田田氏の考え方に触発され、第2の藤田田になる志を立てて、世界に著名な人物になる、そんな手助けができたとしたら、著者の望外のよろこびである。

2020年8月

ジーン中園

ジーン・中園 Gene Nakazono

ハピネス・サクセス・コンサルタント。
1949年大阪生まれ。大学時代1年間休学し、自転車で米国大陸をサンフランシスコからニューヨークまでを横断。帰国後、卒業して、1973年、創業したばかりの日本マクドナルド社に入社。現場の第一線で活躍し、創業者・藤田田の元ブレーンとして、日本国内外に実力を発揮。類まれなる的確さと決断力で頭角を現す。その決断力は、第二の人生目標「海外移住」の達成にも生かされる。創業当時初期から18年間勤めた同社を去り、1990年家族とともにオーストラリア・ゴールドコーストにある新規日本レストラン支配人として移住、成功を収める。その後、拠点をシドニーに移し、米国系大手野菜製造加工工場QA（品質保証）部マネージャーおよび食品コンサルタントとして活躍した。工場経営では、年間最優秀工場（サプライヤー・オブ・ザ・イヤー）を3年間連続で各社から贈られ、その他の各種表彰も多々経験する。その後、食肉加工工場の新規立ち上げに日本から招請され、2009年より6年間日本に逆単身赴任して、取締役工場長として世界基準の工場をつくりあげた。その間、総務大臣賞（ふるさと大賞）受賞の栄誉に浴する。日本各地での講演活動も実践する。1997年には、豪州市民権を取得してオーストラリア人となる。2016年1月より、シドニーに戻り、フリーランス作家・翻訳者・通訳。主な著書に、『小さな飲食店をつくって成功する法』『藤田田の頭の中』などがある。

藤田田から教わった
お金と時間の不変のルール

2020年9月20日　初版発行

著　者　ジーン・中園
発行者　太田　宏
発行所　フォレスト出版株式会社
〒162-0824 東京都新宿区揚場町2-18 白宝ビル5F
電　話　03-5229-5750（営業）
03-5229-5757（編集）
URL　http://www.forestpub.co.jp
印刷・製本　中央精版印刷株式会社

ISBN978-4-86680-094-3　Printed in Japan
乱丁・落丁本はお取り替えいたします。